新編諸子集成續編

新輯本桓譚新論

〔漢〕桓譚 撰

朱謙之 校輯

中華書局

圖書在版編目(CIP)數據

新輯本桓譚新論/(漢)桓譚撰;朱謙之校輯.—北京:中華書局,2009.9(2024.4重印)
(新編諸子集成續編)
ISBN 978-7-101-06813-9

Ⅰ.新… Ⅱ.①桓…②朱… Ⅲ.政論-中國-東漢時代 Ⅳ.D691 B234.71

中國版本圖書館CIP數據核字(2009)第090475號

責任編輯:張繼海
責任印製:管 斌

新編諸子集成續編
新輯本桓譚新論
〔漢〕桓 譚 撰
朱謙之 校輯
*
中華書局出版發行
(北京市豐臺區太平橋西里38號 100073)
http://www.zhbc.com.cn
E-mail:zhbc@zhbc.com.cn
三河市宏盛印務有限公司印刷
*
850×1168毫米 1/32・3¾印張・2插頁・60千字
2009年9月第1版 2024年4月第5次印刷
印數:10901-11800冊 定價:19.00元

ISBN 978-7-101-06813-9

新編諸子集成續編出版緣起

新編諸子集成叢書，自一九八二年正式啟動以來，在學術界特别是新老作者的大力支持下，已形成規模，成爲學術研究必備的基礎圖書。叢書原擬分兩輯出版，第一輯擬目三十多種，後經過調整，確定爲四十種，今年將全部出齊。第二輯原來只有一個比較籠統的規劃，受各種因素限制，在實施過程中不斷發生變化，有的項目已經列入第一輯出版，因此我們後來不再使用第一輯的提法，而是統名之爲新編諸子集成。

隨着新編諸子集成這個持續了二十多年的叢書劃上圓滿的句號，作爲其延續的新編諸子集成續編，現在正式啟動。它的立意、定位與宗旨同新編諸子集成一脈相承，力圖吸收和反映近幾十年來國學研究與古籍整理領域的新成果，爲學術界和普通讀者提供更多的子書品種和哲學史、思想史資料。

續編堅持穩步推進的原則，積少成多，不設擬目。希望本套書繼續得到海内外學者的支持。

中華書局編輯部

二〇〇九年五月

出版説明

桓譚新論，舊有清人孫馮翼和嚴可均兩種輯本。孫本收入問經堂叢書第三函，嘉慶七年刊；嚴本晚於孫本十三年，收入全後漢文卷十三至卷十五。清季黄以周亦有輯本，但未刊行。這幾種輯本都有缺憾，未愜人意。有鑒於此，朱謙之先生（一八九九——一九七二）乃有新輯本桓譚新論之作。

本書作於上世紀五十年代朱先生任教北京大學時，寫在北京大學25×20的直排稿紙的背面，線裝一册。封面有「新輯本桓譚新論」、「朱謙之校輯」、「一九五九年七月」字樣。原書只有簡單標點，没有引號和專名號。作者在生前曾聯繫出版此書，惜未能如願。二〇〇二年福建教育出版社出版的十卷本朱謙之文集收入本書，爲其首次面世。

在黄夏年先生的授權與慷慨幫助下，我們有幸得到新輯本桓譚新論的稿本，現對全書重加校訂，施予全式標點，收入新編諸子集成續編，不當之處，請讀者賜教。有關桓譚的思想及新論的版本情況，朱先生在所著中國哲學史史料學一書中有較系統的介紹（見該書第六講第一節），現據以改排，附於全書之末。

中華書局哲學編輯室

二〇〇九年五月

目録

校輯者案語

案桓譚新論本十六篇，後漢書唐李賢注曰：「新論一曰本造，二王霸，三求輔，四言體，五見徵（案徵疑作微，形似而誤），六譴非，七啓寤，八祛蔽，九正經，十識通，十一離事，十二道賦，十三辨惑，十四述策，十五閔友，十六琴道。本造、閔友、琴道各一篇，餘並有上下。東觀記曰：『光武讀之，敕言卷大，令皆別爲上下，凡二十九篇。』」今原書已佚，采掇羣書所載，合併複重，爲數不過二百餘事。孫馮翼定爲一卷，不分篇；嚴可均定爲三卷，十六篇。惟考之意林及隋書經籍志、新唐志均作十七卷，内目録一卷。兹仍依以一篇爲一卷之例，定卷帙如次：

序文，本書所據校輯書目。本文：卷一本造篇、卷二王霸篇、卷三求輔篇、卷四言體篇、卷五見徵篇、卷六譴非篇、卷七啓寤篇、卷八祛蔽篇、卷九正經篇、卷十識通篇、卷十一離事篇、卷十二道賦篇、卷十三辨惑篇、卷十四述策篇、卷十五閔友篇、卷十六琴道篇。附録：後漢書桓譚傳、孫馮翼桓子新論序、嚴可均桓子新論叙、黄以周桓子新論叙。

自序

嘗謂桓譚才智開通，切於時務，以約生於公元前二三年之人（漢成帝陽朔二年戊戌），已先於王充、張衡具啓蒙學者之識。以經學言：君山徧習五經而不離古文，不爲章句，不以災異讖緯説春秋，謂前聖後聖未必相襲，通大義而時增新意，今見於新論正經篇者可知已。以音律言：以父任爲郎，因好音律，善鼓琴，其離雅樂而更爲新聲，亦猶古禮之易爲習俗，事詳後漢書宋弘傳（後漢紀卷四同），今所見於琴道篇者可知已。以天文言：君山尤致意於天文曆算氣象之學，嘗典漏刻、參晷景。難揚子雲以天爲如蓋轉曰：是應渾天也。子雲立壞其所作。造詣之深，今見於啓寤、離事諸篇者可知已。以水利言：王莽時徵能治河者以百數，關並、張戎、韓牧並習水事，君山爲司空掾，典其議，欲以上繼禹功，下除民疾，今所見於離事篇者可知已。以名理言：數從子駿、子雲辨析疑異，論世間事，辨照然否，虚妄僞飾之辭，莫不證定（論衡超奇篇），尤於公孫龍白馬之論，明斥其非，今所見於啓寤篇者可知已。以哲學言：君山耽好玄經，玄者幽攡萬類而不見形，一氣而已，老子謂之道，孔子謂之元，而揚雄、桓譚、張衡均謂之玄。君山研覈五行，論形神，明生死，謂無仙道，好奇者爲之，今所見於啓寤、譴非、祛蔽、辨惑與離事諸篇者可知已。至於經世興治之學，則王霸、求輔、言體、見徵諸篇見於羣書治要者多矣。仲任所謂易晁錯之策與新論共一思（論衡超奇篇）；謂素丞相之跡，存於新論者（同上定賢篇），是也。然而仲任極稱新論之義，與春秋會一（同上案書篇），挾桓君山之書，富於積猗頓之財（同上佚文篇），而餘杭章氏論學變，以爲新論在者，其言往往近於仳瑣（檢論卷三），是短書不可用，而謂通人爲之乎？君山之書，非圖讖，闢方士虚言，破時俗迷妄，當以論形神爲第一，謂生之有長，長之有老，老之有死，若四時之代謝，以燈燭爲喻，何異范縝？范縝未必非得力於新論也，而今人猶疑此篇爲僞飾之辭，是又何哉？仲任稱子長、子雲論説之徒，君山爲甲（論衡超奇篇）；然而有幸有不幸者，君山以疏賤之質（後漢紀卷四袁宏語），熹非毁俗儒，論説世短，智者或能察，愚者不懷誹謗而怨之乎？是爲世俗所遺失宜也。余獨惜自漢以來，知君山者莫如仲任，而不知君山者，亦莫如以知仲任自命者之人。君山述辨古今，博覽無所不見，新論在明季尚有完書，（全祖望鮚埼亭集外編四十「揚子雲生卒考」引常熟錢尚書謙益言。）而嚴可均輯此，謂佚於唐末，孫馮翼謂其佚當在南宋時，同爲一失，是以新論之不亡爲亡；至於以不亡爲亡，則新論真亡矣，此余所由發憤而有新輯之作也。是輯以資料言，所增者較孫本幾十之六，較嚴本則十之二，且延及明代，如陶宗儀之説郛、董説之七國考、方以智之物理小識，雖殘文片語，亦所取資。以體裁言，孫輯既稱雜陳疊見，（如古孝經千八百七十一字，今異者四百餘字凡三見。三皇以道治，五帝以德化一節二見；圖王不成亦可以霸二見；謂狐爲狸，以瑟爲箜篌一節二見；以賢代賢謂之順二見；聖人皆形解仙去一節二見。）嚴輯亦未免比附其間，（如五福：壽、富、貴、安樂、子孫衆多，與百足之蟲共舉，一身一節與辨惑何關？昔楚靈王驕逸輕下簡賢一節，宜入祛蔽，而作言體之類。）黄以周反之欲以類相從，而有序無書，（儆季新著有桓子新論序，書未刻，原稿爲仁和許益齋失去。）當否不可知，故是輯尚矣。以校勘言：舊所用諸刻本，實未完備，如太平御覽、文選注均有宋本，羣書治要有天明本，孫、嚴皆未及見，其不能一復本書之舊必矣。雖然，如君山之書，必得仲任而益彰，得平子而益大，論衡、靈憲之於新論，猶衣之表裏，可觸類旁通也。若同爲抱殘守闕，尊古卑今，可哀也已。然則紹君山之學者，豈其必爲書肆乎哉？

一九五九年七月一日朱謙之序於北京大學。

本書所據校輯書目

桓子新論（清孫馮翼輯）　問經堂叢書第三函嘉慶七年九月刊本　龍谿精舍叢書册六五

據問經堂刊本　中華書局四部備要據問經堂刊本

桓子新論（清嚴可均輯）　全上古三代秦漢三國六朝文全後漢文卷十三至卷十五　湖北

黄岡王毓藻校刊本　中華書局據廣雅書局刻本複製重印本

桓譚集（清嚴可均輯）　同上全後漢文卷十二

桓子新論（佚名）　守山閣叢書本

意林（唐馬總撰）　上海涵芬樓影印正統道藏本瑟一——五卷三桓譚新論

羣書治要（唐魏徵等輯）　日本天明刻本卷四十四桓子新論

藝文類聚（唐歐陽詢輯）　明嘉靖刻本

北堂書鈔（唐虞世南輯）　明萬曆陳禹謨刻本　清光緒十四年南海孔氏三十有三萬卷堂

重刻孫星衍藏明影鈔宋刻本

初學記（唐徐堅等輯）　明晉陵楊氏九州書屋重刊錫山安國本、嚴可均用宋本手校並跋

山堂肆考（明彭大翼輯）　明刻本

元和姓纂（唐林寶撰）　清嘉慶七年孫星衍、洪瑩校刊本

天中記（明陳耀文撰）　明萬曆刻本

廣博物志（明董斯張撰）　諸子百家本

書敘指南（宋任廣撰）　惜陰叢書本

唐律疏議（唐長孫無忌撰）　孫星衍影元余氏勤有堂本

歲華紀麗（唐韓鄂撰）　康熙辛未高士奇校朗潤堂刊本

唐宋白孔六帖（唐白居易、宋孔傳撰）　明嘉靖間蘇州覆宋刊本

事類賦注（宋吳淑撰注）　明嘉靖十一年無錫崇正書院重刊宋紹興丙寅邊惇德本

太平御覽（宋李昉等輯）　四部叢刊三編影印日本帝國圖書寮京都東福寺東京岩崎氏靜嘉堂文庫藏宋刊本

儒門經濟長短經（唐趙蕤撰）讀畫齋叢書己集本，又六譯館叢書第一册載是非篇
文選注（唐李善等注）四部叢刊影印宋刊六臣注文選本
古文苑（宋章樵注）明萬曆刊本
文心雕龍（清黄叔琳注）廣州刻本
曹子建集（魏曹植撰）嚴可均全三國文卷十八、四部叢刊影印江安傅氏藏明活字本
史記（漢司馬遷撰、宋裴駰集解、唐司馬貞索隱、唐張守節正義）上海涵芬樓影印南宋黄善夫刻本
史記索隱（唐司馬貞撰）汲古閣校刻三種本
漢書（漢班固撰、唐顔師古注）宋慶元元年建安劉之問刻本
後漢書（紀傳宋范曄撰、唐李賢注，志晉司馬彪撰、梁劉昭注）宋建安黄善夫刻本
後漢紀（晉袁宏撰）四部叢刊初編本
東觀漢記（舊傳漢劉珍撰）四部備要本卷十四桓譚傳
三國志（晉陳壽撰、宋裴松之注）宋衢州刊殘本蜀書卷十二郤正傳

晉書（唐房玄齡等撰）　明周若年覆刻宋本

梁書（唐姚思廉撰）　明萬曆南監刻本

七國考（明董説撰）　守山閣叢書第六十二至六十五册本　吴興劉氏嘉業堂刊本，又中華書局參校本

太平寰宇記（宋樂史撰）　光緒八年五月金陵書局刊本

水經注（後魏酈道元注）　明萬曆四十三年朱謀㙔箋刊本

三輔黄圖（梁陳間人撰）　潮陽鄭氏用經訓堂本參平津館本校刊龍谿精舍叢書本册五五

史通（唐劉知幾撰）　清乾隆梁溪浦氏求放心齋刻史通通釋本

列子（晉張湛注、唐殷敬順釋文）　明世德堂冲虚真經大字本

太玄經（漢揚雄撰、晉范望解贊）　四部叢刊據明萬玉堂翻宋本

論衡（漢王充撰）　明劉光斗評天啓六年虎林閔氏刊本　民國二十七年商務印書館刊黄暉論衡校釋本

抱朴子内外篇（晉葛洪撰）　平津館本　四部叢刊據明魯藩刊本　道藏本疲六——志七

博物志（晋張華撰、周日用等注）　士禮居黄氏叢書影寫連江葉氏本　明商濬輯稗海本第一函

述異記（梁任昉撰）　稗海本第一函

説郛（元陶宗儀撰）　清順治間兩浙督學周南李際期重刊本卷五十九桓譚新論

荆山子（明歸有光輯）　諸子彙函卷二十一，長洲文震孟參訂本收新論琴諷一篇

指海（清錢熙祚輯、其子培讓續刊）　第十三集第一〇四册桓子新論

五行大義（隋蕭吉撰）　上海涵芬樓影印佚存叢書本第三册

珩璜新論（宋孔平仲撰）　守山閣叢書第百七十六册本

物理小識（明方以智撰）　清光緒十年寧静堂刊本

弘明集（梁僧祐撰）　頻伽精舍校刊大藏經露帙四，又四部叢刊印明汪道昆本　金陵刻經處本

廣弘明集（唐道宣撰）　頻伽精舍校刊大藏經露帙五、六，又四部備要據常州天寧寺本，四部叢刊影印明汪道昆本

法苑珠林（唐道世撰）　頻伽精舍校刊大藏經雨帙五、八

世界記序（梁僧祐撰）　見頻伽精舍校刊大藏經結帙一，目録部出三藏記集第十二世界記目録序

鐵橋漫稿（清嚴可均撰）　清光緒十一年長洲蔣氏心矩齋刻本頁二四——二五有桓子新論序

儆季雜著（清黄以周撰）　清同治間刊本，子叙頁六有桓子新論序

桓譚新論考（日本武内義雄撰）　見江俠庵編譯先秦經籍考下頁三六七——三七九　民國二十年二月商務印書館本

桓譚の哲學（日本成田衡夫撰）　見漢學會雜誌第五卷第三號頁一——一二

公孫龍子形名發微（譚戒甫撰）　一九五七年十二月科學出版社本，據云公孫龍子跡府篇前段爲桓譚所作。

A. Forke：Geschichte der Chinesichen Mittelaterlichen Philosophie Ⅱ，100～110 Huan T'an，中國中世哲學史與日本成田衡夫同以桓譚、王充爲懷疑的唯理論者，論斷不

足，但均爲外國學者用嚴輯本之一例，存此以備參證。

又是輯起於一九五七年，以捷克研究生鮑格洛（Timoteus Pokoro）譯新論爲外文，苦無善本而作。鮑君襄輯逸文，其功最多。歸國後著關於李悝法經問題刊於東方紀録（Archiv Orientàlni, 27, 1959），其中第二節論桓譚，第三節論董説，第四節論七國考，第五節論新論著作年代，均能獨抒己見，附記於此。

桓譚新論

卷一　本造篇

余爲新論，術辨古今，孫本作述古今，嚴本重今字，術與述通，今今則無義，此據太平御覽卷六百二文部影宋本。亦欲興治也。何異春秋褒貶耶？今有疑者，天中記三十七有作存。所謂蚌異蛤，二五爲非十也。譚見劉向新序、陸賈新語，乃爲新論。晉書陸喜傳載其自序云：「劉向省新語而作新序，桓譚詠新序而作新論。」語意本此。

莊周寓言，乃云堯問孔子。淮南子云：「共工争帝，地維絶。」亦皆爲妄作。故世人多云：短書不可用。然論天間莫明於聖人，莊周等雖虛誕，故當採其善，孫本善作書。何云盡棄耶？太平御覽卷六百二文部、天中記三。

若其小說家，合叢殘小語，近取譬論，以作短書。治身治家，有可觀之辭。文選卷三十一江文通雜體詩李都尉從軍詩注。

秦相吕不韋，孫、嚴本均脱相字，此據四部叢刊影宋本。請迎高妙，作吕氏春秋。漢之淮南王，聘天下辯通，以著篇章。書成文選注無書字，據嚴本增。皆布之都市，懸置千金，以延示衆士，而莫能有孫本能有二字乙轉。變易者，乃其事約艷，體具而言微也。文選卷四十楊德祖答臨淄侯牋注。

董仲舒專精於述古，年至六十餘，不窺園中一作井。菜。太平御覽卷九百七十六菜部。

賈誼不左遷失志，則文彩不發；淮南不貴盛富饒，則不能廣聘駿士，使著文作書；太史公不典掌書記，則不能條悉古今；楊雄㊀不貧，則不能作玄言。意林卷三。

太史公造書，書成示東方朔。朔爲平定，因署其下。太史公者，皆東方朔所加之也。史記索隱卷四孝武紀第十二。又卷二十八太史公自序傳索隱曰：桓譚云：「遷所著書成，以示東方朔，朔皆署曰太史公。」

㊀ 古籍中「楊雄」或作「揚雄」，今仍其舊，不作統一。

卷二　王霸篇

夫上古稱三皇五帝，而次有三王五伯，嚴本伯均作霸。此天下君之冠首也。故言三皇以道治，意林、御覽、長短經均作治。史記正義避唐諱作理。而五帝用德化，三王由孫本作以。仁義，五伯以嚴本依意林作用。權智。其説之曰：無制令刑罰，謂之皇；有制令而無刑罰，謂之帝；賞善誅惡，諸侯朝事，謂之王；興兵衆，約盟誓，以信義矯世，長短經約作立，世作代。御覽、正義無衆、誓二字，孫本同。謂之伯。御覽伯下有也字。王者往也，言其惠澤優游天下歸往也。五帝以上久遠，經傳無事，唯王霸二盛之美，以定古今之理焉。夫王道之治，先除人害，而足其衣食，然後教以禮儀，而威以刑誅，使知好惡去就。是故大化四湊，天下安樂，此王者之術。霸功之大者，尊君卑臣，權統由一，政不二門，賞罰必信，法令著明，百官修理，威令必行，此霸者之術。文選王仲宣誄注引陳使宜曰：「所謂霸功者，法度明正，百官修治，威令流行者也。」意同。王道純粹，其德如彼；伯道駁雜，其功如此。俱有天下，而君萬民，垂統子孫，其實一也。意林卷三、史記正義卷五秦本紀、長短經卷三適變十五、太平御覽卷七十七皇王部、卷四百三人事部。

儒者或曰：「圖王不成，其弊可以霸。」此言未是也。傳曰：「孔氏門人，五尺童子，不言五霸事者，惡其違仁義而尚權詐也。」太平御覽卷七十七皇王部。又意林卷三引「圖王不成，亦可以伯」二句。

夫王道之主，其德能載，包含以統乾元也。初學記卷九帝王部。

子貢問蘧伯玉曰：「子何以治國？」答曰：「弗治治之。」意林卷三。

湯武則久居諸侯方伯之位，德惠加於百姓。文選卷四十八班孟堅典引注。

文王修德，百姓親附，是時崇侯虎與文王列爲諸侯，德不及文王，常嫉妒之，乃譖文王於紂曰：「西伯昌聖人也，長子發、中子旦皆聖人也，三聖合謀，君其慮之！」乃囚文王於羑里。太平御覽卷八十四皇王部。

維四月，太子發上祭於畢，下至孟津之上，此孫本無上字，此作北。武王已畢三年之喪，欲卒父業，升舟而得魚，則地應也；燎祭降烏，天應也。二年聞殺比干、囚箕子，太師少師抱樂器奔周。甲子，日月若合璧，五星若連珠。昧爽，武王朝至於南郊牧野，從天以討紂，故兵不血刃，而定天下。太平御覽卷三百二十九兵部。

邯鄲立王，是抱空質也。董説七國考卷五。

齊宣王行金刀之法。七國考卷十二。

魏文侯師李悝，著法經。以爲王者之政，莫急於盜賊，故其律始於盜賊。盜賊須劾捕，故著囚、捕二篇。其輕狡、越城、博戲、假借、不廉、淫侈、踰制爲雜律一篇。又以具律具其加減，所著六篇而已。衛鞅受之，入相於秦。是以秦、魏二國，深文峻法相近。七國考卷十二。唐律疏議引云：「魏文侯師於里悝，集諸國刑典，造法經六篇：一盜法，二賊法，三囚法，四捕法，五雜法，六具法。」又漢相蕭何更加悝所造户、興、厩三篇，謂九章之律，是爲九法。」文稍不同，可與此相參證。

秦之重法，猶盛三代之重禮樂也。同上。

魏之令，不孝弟者，流之東荒。同上。

卷三　求輔篇

國之廢興，在於政事，政事得失，由於輔佐。輔佐賢明則俊士充朝而理合世務，輔佐不明則論失時宜後漢紀作論時失宜。而舉多過事。後漢書桓譚傳及後漢紀卷四作治世合務。後漢紀卷四陳時政疏語。疑亦見新論。治國者輔佐之本，其任用咸得大才，大才乃主之股肱羽翮也。意林卷三。

以賢代賢謂之順，以不肖代不肖謂之亂。太平御覽卷四百二人事部、意林卷三代作伐，順作熕，無代不肖三字。

捕猛獸者，不令美人舉手；釣巨讀畫齋叢書本作旦，六譯館叢書本作巨。魚者，不使稚子輕預，非不親也，力不堪也。奈何萬乘之主而不擇人哉？趙蕤長短經是非十四引桓子。

龍無尺木無以昇天，聖人無尺土無以王天下。意林卷三。朝九州之俊。北堂書鈔卷十一帝王部十一。夫聖人乃千載一出，賢人君子所想思而不可得見者也。文選卷三十七劉越石勸進表注、卷四十七袁彦伯三國名臣序贊注、卷六十陸士衡弔魏武文注，又卷五十二韋宏嗣博弈論引首一句。

王公大人則嘉得良師明輔，品庶凡民則樂畜仁賢哲士，皆國之柱棟，而人之羽翼。太平御覽卷一百八十七居處部十五。

凡人性難極也，難知也，故其絶異者常爲世俗所遺失焉。文選卷四十五陶淵明歸去來辭注、卷四十六任彦昇王文憲集序注。

周易曰：「肥遯無不利。」文選卷二十七謝靈運入華子岡詩注。昔殷之伊尹、周之太公、秦之百里奚，孫本脱奚字。雖咸有天嚴本依前後條改爲大字。才，然皆年七十餘，乃昇孫本作升。爲王霸師。太平御覽卷四百四人事部。

前世俊士立功垂名，圖畫於殿閣宮省，此乃國之大寶，亦無價矣。雖積和璧、纍夏璜、囊隋侯、篋夜光，未足喻也。伊、呂、道藏本呂誤作宮。良、平，何世無之。但人道藏本人上有知字。君不知，羣臣弗用也。意林卷三。嚴本弗作勿。

賢有五品：謹勑道藏本勑作勅。于家事，順悌于倫黨，鄉里之士也；文選卷五十范蔚宗宦者傳論注云：「居家循理，鄉里和順，出入恭敬，言語謙遜，謂之善士。」疑即出此。作健曉惠，文史無害，縣廷孫本作延。之士也；信誠道藏本作誠，此據官本。篤行，廉平公嚴云：公下當有脱。理下務上者，州郡之士也；通經術，名行高，能達于從政，寬和有固守者，公輔之士也；才高卓絶，竦峙道藏本作疏殊，此據官本。于衆，多籌大略，能圖世建功者，天下之士也。意林卷三。

殷之三仁皆暗於前而章於後，何益於事？何補於君？意林卷三。

堯能則天者，貴其能臣舜、禹二聖。意林卷三。昔堯試舜孫本脱舜字。於大麓者，領録天下事，如今之尚書官矣。宜得大賢智，乃可使處議持平。北堂書鈔卷五十九設官部、藝文類聚卷四十八設官部、太平御覽卷二百十二職官部十。又劉昭續漢志二十四百官志引首三句。治獄如水。北堂書鈔卷四十四刑法部中。

傳記言：魏牟北見趙王，王方使冠工制冠於前，問治國於牟。對曰：「大王誠能重國，若此二尺縱，則國治且安。」王曰：「國所受於先人，宗廟社稷至重，比之二尺縱，何也？」牟曰：「大王治冠，不使親近，而必求良工者，非爲其敗縱而冠不成與？今治國不善，則社稷不安，宗廟不血食，大王不求良士，而任使其私愛，此非輕國於二尺縱之制耶？」王無以應。太平御覽卷六百八十四服章部。又北堂書鈔卷一百二十七衣冠部引至「敗縱而冠不成與」句止，縱作縰。

王者易輔，霸者難佐。意林卷五任子引桓譚云。昔秦王御覽八十六皇王部十一作秦始皇。見周室之失統，喪權於諸侯，自以當保有九州，見萬民碌碌，猶羣羊聚猪，皆可以竿而驅之，以上二十四字依御覽引桓譚新語加。故遂自恃，不任人封立諸侯。及陳勝、楚、漢，咸由布衣，非封君有土，而並共滅秦，故遂以敗也。上五字依御覽加。高帝既定天下，念項王從函谷入，而已由武關到，推却關，修强守禦，内充實三軍，外多發屯戍，設窮治黨與之法，重懸告反之賞。及王翁之奪取，乃不犯關梁阸塞，而坐得其處。王翁自見以專國秉政得之，即抑重臣，收下權，使事無大小深淺，皆斷決於己身。及其失之，人嚴云：人疑當作又。案人不從即下文失百姓心之意。不從，大臣生焉。天明本舊校焉恐怨。更始帝見王翁以失百姓心亡天下，既西到京師，恃民悦喜則自安樂，不聽納諫臣謀士，赤眉圍其外，而近臣反，城遂以破敗。由是觀之，夫患害奇邪不一，何可勝爲設防量備哉？防備之善者，則唯量賢智大材，然後先見豫圖，遏將案將下疑脱萌字。救之耳。羣書治要卷四十四。

明鏡，龜策也；章程，斛斗也；銓衡，丈尺也。意林卷三。

維鍼艾方藥者，已病之具也，非良醫不能以愈人；材能德行者，治國之器也，非明君不能以立功。醫無鍼藥，可作爲求買，以行術伎，不須必自有也；君無材德，可選任明輔，不待必躬能也。由是察焉，則材能德行，國之鍼藥也，其得立功效，乃在君輔。傳曰：「得十良馬，不如得一伯樂；得十利劍，不如得一歐冶。」多得善物，不如少得能知物。知物者之致善珍，珍益廣，非特止於十也。羣書治要卷四十四。

言求取輔佐之術，既得之，又有大難三，而止善二。爲世之事，中庸多，大材少，少不勝衆。一口不能與一國訟，持孤特之論，干雷同之計，以疏賤之處，逆貴近嚴本作賤，蓋涉上文而誤。之心，則萬不合，此一難也。夫建踔殊，爲非常，乃世俗所不能見也；又使明智圖事，而與衆平之，亦必不足，此二難也。既聽納有所施行，而事未及成，讒人隨而惡之，即中道狐疑，或使言者還受其尤，此三難也。智者盡心竭言，以爲國造事，衆間之則反見疑，壹不當合，遂被譖想，舊校云：想恐愬。雖有十善，隔以一惡去，此一止善也。材能之士，世所嫉妒，遭遇明君，乃壹興起，既幸得之，又復隨衆，弗與知者，雖有若仲尼，猶且出走，此二止善也。是故非君臣致密堅固，割心相信，動無間疑，若伊、呂之見用，傅説通夢，管、鮑之信任，則難以遂功竟意矣。又説之言，亦甚多端，其欲觀使者，則以古之賢輔厲主，嚴云：疑當作之。欲間疏別離，則以專權危國者論之。蓋父子至親，而人主有高宗、孝己之設。嚴云：疑當作失。按天明本舊校云：設恐讒。

及景、武時，栗、衛太子之事。忠臣高節，時有龍逢、比干、伍員、晁錯之變，比類衆多，不可盡記，則事曷可爲邪？庸易知邪？雖然，察前世已然之效，可以觀覽，亦可以爲戒。維諸高妙大材之人，重時遇咎，舊校云：咎恐合。皆欲上與賢侔，而垂榮歷載，安肯毁名廢義，而爲不軌惡行乎？若夫魯連解齊、趙之金封，虞卿捐萬户與國相，乃樂以成名肆志，豈復干求便辟趨利耶？覽諸邪背叛之臣，皆小辨貪饕之人也，大材者莫有焉。由是觀之，世間高士材能絶異者，其行親任亦明矣，不嚴本作下。主乃意疑之也，如不能聽納，施行其策，雖廣知得，亦終無益也。羣書治要卷四十四。

周亞夫嚴猛哮吼之用，可爲國之大將軍，北堂書鈔卷一百十五武功部。孫本無之用字、軍字，爲作謂。

動如雷震，住如岳立，攻如奔電，取如疾風，前輕後重，内實外虚。同上卷一百十六武功部。

切直忠正則汲黯之敢諫争也。文選卷三十六任彦升天監三年策秀才文注。

卷四 言體篇

凡人耳目所聞見，心意所知識，情性所好惡，利害所去就，亦皆同務焉。若材能有大小，智略有深淺，聽明有闇照，質行有薄厚，亦則嚴本作皆。異度焉。非有大材深智，則不能見其大體。大體者，皆是當之事也。夫言是而計當，遭變而用權，常守正嚴云：當作居常而守正。見事不惑，內有度量，不可傾移，而誑以譎異，爲知大體矣。如無大材，則雖威權如王翁，案稱王莽，下同。察慧如公孫龍，敏給如東方朔，言災異如京君明，及博見多聞，書至萬篇，爲儒教授數百千人，祇益不知大體焉。維王翁之過絕世人有三焉：其智足以飾非奪是，辨能窮詰說士，威則震懼羣下，又數陰中不快己者。故羣臣莫能抗答其論，莫敢干犯匡諫，卒以致亡敗，其不知大體之禍也。夫嚴云：當有知字。帝王之大體者，則高帝是矣。高帝曰：「張良、蕭何、韓信，此三子者，皆人傑也，吾能用之，故得天下。」此其知大體之效也。

王翁始秉國政，自以通明賢聖，而謂羣下才智莫能出其上。是故舉措興事，輒欲自信任，不肯與諸明習者通共，嚴本作兵，注云：有脱誤。苟直意而發，得之而用，是以稀獲其功效焉。故卒遇破亡，此不知大體者也。高帝懷大智略，能自揆度，羣臣制事定法，常謂曰：「庳而勿高也，度吾所能行爲之。」憲度内疏，政合於時，故民臣樂悦，爲世所思，此知大體者也。

王翁嘉慕前聖之治，而簡薄漢家法令，故多所變更，欲事事效古，美先聖制度，而不知己之不能行其事。釋近趨遠，所尚非務，故以高義退致廢亂，此不知大體者也。高祖欲攻魏，乃使人窺視其國相，及諸將率左右用事者，知其主名，乃曰：「此皆不如吾蕭何、曹參、韓信、樊噲等，亦易與耳。」遂往擊破之。此知大體者也。

王翁前欲北伐匈奴，及後東擊青、徐衆郡赤眉之徒，皆不擇良將，而但以世姓及信謹文吏，或遺親屬子孫，素所愛好，咸嚴本作或。無權智將帥之用，猥使據軍持衆，當赴强敵。是以軍合則損，士衆散走，咎在不擇將，將與主俱不知大體者也。羣書治要卷四十四。案：以上嚴本相連不斷，此據天明本分四節。

夫言行在於美善，不在於衆多。出一美言善行嚴本作美行。而天下從之，或見一惡意醜事，而萬民違，嚴本下有之字。可不慎乎？羣書治要卷四十四。肅王游大陵，出於鹿門，大戊午叩馬曰：「耕事方急，一日不作，一日不食。」肅王下車謝，賜大戊午金百鎰。董説七國考卷六引桓譚新論。守山閣叢書本、吴興嘉業堂本同，中華書局本論上有新字。郢王好細腰，而宫人餓。同上卷五。秦惠王剖賢人之腹，刑法大壞。同上卷十二。故易曰：「言行，君子之樞機。樞機之發，榮辱之主，所以動天地者也。」羣書治要卷四十四。

王翁刑殺人，又復加毒害焉，至生燒人，以醯五毒灌死者肌肉，及埋之，復薦覆以荆棘。人既死，與木土嚴作土木。等，雖重加創毒，亦何損益？成湯之省納，無補於士民，士民向之者，嘉其有德惠也。齊宣之活牛，無益於賢人，賢人善之者，貴其有仁心也。文王葬枯骨，無益於衆庶，衆庶悦之者，其恩義動人也。本作思義動之也，此據意林卷三改。王翁之殘死人，意林卷三無此句，下有觀人五藏四字。無損於生人，生人惡之者，以殘酷示之也。維此四事，忽微而顯著，纖細而猶大，故二聖以興，一君用稱，王翁以亡，知大體與不知者遠矣。羣書治要卷四十四、意林卷三。

世俗咸一本作皆。曰：「漢文帝躬儉約，修道德，以先天下，天下化之，故致充實殷富，澤加黎庶。穀至石數十錢，上下饒羡。」太平御覽卷三十五時序部、卷八百三十七百穀部。又北堂書鈔卷一百五十六歲時部引，有删節。又卷十五有充實殷富四字，當即出此。

更始帝到長安，其大臣辟除東宫之事，爲下所非笑。但爲小衛樓，半城而居之，以是知其將相非蕭、曹之儔也。初學記卷二十四居處部。

舉網以綱，千目皆張；振裘持領，萬毛自整。治大國者，亦當如此。意林卷三、太平御覽卷六百九十四服章部引振裘持領，萬毛皆整八字。

卷五　見徵篇據羣書治要、玉海，徵字當爲微字之誤。

聖王治國，崇禮讓，顯仁義，以尊賢愛民爲務，是爲卜筮維寡，祭祀用稀。王翁好卜筮，信時日，而篤於事鬼神，多作廟兆，潔齋祀祭，犧牲殺膳之費，吏卒辨治之苦，不可稱道，爲政不善，見叛天下。及難作兵起，無權策以自救解，乃馳之南郊告禱，搏嚴云：莽傳作搏。心言冤，號興流涕，叩頭請命，幸天哀助之也。當兵入宮日，矢射舊校云：當作射矢。交集，燔火大起，逃漸臺下，尚抱其符命書，及所作威斗，可謂蔽惑至甚矣。羣書治要卷四十四。

淳于髡至鄰家，見其竈突之直而積薪在旁，曰：「此且有火災。」即教使更爲曲突，而徙遠初學記作遠徙。其薪，竈藝文類聚作鄰。家不聽。後災，火果及積薪而燔其屋，鄰里並救擊。及藝文類聚作乃。滅止，而亨羊具酒以勞謝救火者，曲突遠薪，固不肯呼淳于髡飲飯，智者譏之云：「教人曲突遠薪，固無恩澤；焦頭爛額，反爲上客。」蓋傷其賤本而貴末，藝文類聚下有也字。豈夫獨嚴本以意乙轉爲獨夫。突薪可以除害哉？而人病國亂，亦皆如斯。是故良醫醫其未發，而明君絶其本謀。後世多損於杜塞未萌，而勤於攻擊已成，謀臣稀賞，而鬬士常榮，猶彼人殆，嚴云：未能斷句，或本詩節南山「無小人殆」。失事之重輕。察淳于髡之預言，可以無不通，此見微之類也。羣書治要卷四十四、藝文類聚卷八十火部。又初學記卷二十五器物部曰：傳曰：記言淳于髡至鄰家，見其竈突直而積薪在旁，謂曰：「此有火災。」即更爲曲突而遠其薪。

余前爲典樂大夫，有鳥鳴於庭樹上，而府中門下皆爲憂懼。後余與典樂謝侯案：惠棟後漢書補注引作謝侯。爭鬬，俱坐免去。太平御覽卷四百九十六人事部。又卷九百二十七羽族部曰：「余前爲典樂大夫。有梟鳴於庭樹，府中皆懼。余後與典樂侯鬬，俱坐免。」又說郛卷五十九引與御覽人事部同，疑有脫文，下二節同。蓋君山辨析虛妄僞飾之辭，以此爲調笑不信之例而已。

待詔景子春素善占，坐事繫，孫、嚴二本下有獄字。其婦父宋本無父字。朱君嚴本作若，云：疑當依下文作君。案宋本正作君。至獄門，通言遺襦袴。子春驚曰：「朱君來，言與？朱爲誅，袴而襦，中絶者也。我當誅斷也。」後遂腰斬。太平御覽卷六百九十五服章部。

博士弟子譚一作韓。生居東寺，連說郛作遭。三夜有惡夢，說郛作奇夢，下有來字。以問人。人教使晨起厠中祝之嚴本下作以晨起清中祝之，云：清與圊同。三旦，說郛作日。而人告以爲咒咀，一作祝。捕治，數日死。太平御覽卷一百八十六居處部無死字，此依卷四百人事部增。又說郛卷五十九引，大同。

余自長安孫本無上三字，自一作從。歸沛，道疾，蒙絮被絳罽襜褕，藝文類聚明刻本絳作終、襜作裾。乘驛馬，宿說郛及嚴本下有下邑二字。東亭。亭長疑是賊，發卒孫本作賊。夜來。余令吏勿鬬，乃相問而去，此安静自持也。藝文類聚卷七十五方術部。又北堂書鈔卷一百二十九衣冠部東亭作下邑亭中。又太平御覽卷八百十六布帛部、説郛卷五十九自持作自存。

讖出河圖、洛書，但有兆朕而不可知，後人妄復加增依託，稱是孔丘，誤之甚也。意林卷三。案：圖讖之學，哲理之腥穢，六經之稂秀也。漢三百年間，陋儒阿世從風而靡，惟桓譚、張衡乃力非之。東觀記載譚書云：「矯稱孔丘爲讖記，以誤人主也。然而譚所深嫉者，正世主之所好，此鄭衆、賈逵所以附同稱顯，而桓譚所以不善讖流亡也。」事詳後漢書本傳。

東方朔短辭薄語，以爲信驗，人皆謂朔大智，後賢莫之及。譚曰：「鄙人有以狐爲狸，以瑟爲箜篌，此非徒不知狐與瑟，孫依意林作瑟狐。又不知狸與箜篌。」乃非但言朔，亦不知後賢也。意林卷三、藝文類聚卷四十四樂部、廣博物志三十五、天中記卷四十三。

卷六　譴非篇

王者初興，皆先建根本，廣立藩屏，以自樹黨而强固國基焉。是以周武王克殷，未下興而封黄帝、堯、舜、夏、殷之後，及同姓親屬功臣德行，以爲羽翼，佐助鴻業，永垂流舊校云：流恐統。於後嗣。百足之蟲，共舉一身，安得不濟？百足下十二字，依意林卷三增。乃者强秦罷去諸侯，而獨自恃任一身，子弟無所封，孤弱無與，是以爲帝十四歲而亡。漢高祖始定天下，背亡秦之短計，導舊校云：導恐遵。殷、周之長道，裒顯功德，多封子弟，後雖多以驕佚敗亡，然漢之基本得以定成，而異姓强臣，不能復傾。至景、武之世，見諸王數作亂，因抑奪其權勢，而王但得虛尊，坐食租稅，故漢朝遂弱，孤單特立，是以王翁不興兵領士，而徑取天下。又懷貪功獨專之利，不肯封建子孫及同姓戚屬，爲藩輔之固，故兵起莫之救助也。傳曰：「與死人同病者，不可爲醫；與亡國同政者，不可爲謀。」王翁行甚類暴秦，故亦十五歲而亡。失嚴云：失當作夫。獵射禽獸者，始欲中之，恐其創不大也；既已得之，又惡其傷肉多也。羣書治要卷四十四。鄙人有得鋌御覽作脡，注：膻，生肉醬也。醬而美之，及飯，御覽作飲。惡與人共食，即小唾其中，共者怒，御覽無怒字。因涕其醬，遂棄而俱治要作但，舊校：但疑俱，御覽正作俱。不得食焉。彼亡秦、王翁御覽作王公利，孫本誤作亡新王刺。欲取天下時，乃樂與人分之；及已得而重愛不肯予，是惜御覽誤作昔。肉唾鋋之類也。羣書治要卷四十四、太平御覽卷四百九十二人事部、又卷八百六十五飲食部曰：「鄙人得脡醬而美，與人共食，少唾其中，因棄之，俱不得食。」原注脡音延。

昔齊桓公入谷，問父老曰：「此何谷？」答曰：「謂臣愚，名爲愚公谷。」太平御覽卷五十四地部。出見一故墟，道路皆蒿草，寥廓狼籍，據文選卷四左太冲蜀都賦注增上九字。而問之，或對曰：「郭氏之墟也。」復問：「郭氏曷爲墟？」曰：「善善而惡惡焉。」桓公曰：「善善惡惡乃所以爲存，而反爲墟，何也？」曰：「善善而不能用，惡惡而不能去。彼善人知其貴己而不用，則怨之；惡人見其賤己而不好，則仇之。夫與善人爲怨，惡人爲仇，欲毋亡，得乎？」乃者王翁善天下賢智材能之士，皆徵聚而不肯用，使人懷誹謗而怨之；更始帝惡諸王假號無義之人，而不能去，令各心恨而仇之。是以王翁見攻而身死，宮室燒盡；更始帝爲諸王假號而出走，令城郭殘。二王皆有善善惡惡之費，故不免於禍難大災，卒使長安大都，壞敗爲墟，此大非之行也。北蠻之先，與中國並，歷年兹多，不可記也。仁者不能以德來，强者不能以力並也。其性忿鷙，獸聚而鳥散，其强難屈而和難得，是以聖王羈縻而不專制也。昔周室衰微，夷狄交侵，中國不絶如綫，於是宣王中興，僅得復其侵地。夫以秦始皇之强，帶甲四十萬，不敢嚴本作能。窺河西，乃築長城以分之。漢興，高祖見圍於平城，吕后時爲不軌之言。文帝時匈奴大入，烽火候騎，至雍甘泉。景、武之間，兵出數困，卒不能禽制，即與之結和親，然後邊甬舊校云：甬恐民。嚴云：疑作竟。得安，中國以寧。其後匈奴内亂，分爲五單于，甘延壽得承其弊，以深德呼韓耶單于，故肯委質稱臣，來入朝見漢家。漢家得以宣德廣之隆，而威示四海，莫不率服，歷世無寇。安危尚未可知，而猥復侵刻匈奴，往攻奪其璽綬，而貶損其大臣號位，變易舊常，分單于爲十五，是以恨恚大怒，事相攻拒。王翁不自非悔，及舊校云：及恐反。嚴云：當作乃。遂持屈强無理，多拜將率，調發兵馬，運徙糧食財物，以彈舊校云：彈當作殫。嚴本同。索天下，天下愁恨怨苦，因大擾亂，竟不能挫傷一胡虜，徒自窮極竭盡而已。書曰：「天舊校云：天下當補作字。孽可避，自作孽，不可活。」其斯之謂矣！夫高帝之見圍，十嚴云：當作七。日不食，及得免脱，遂無愠色，誠知其往攻非務，而怨之無益也。今匈奴負於王翁，王翁就往侵削擾之，故使事至於斯，豈所謂肉自生蟲，而人自生禍者耶！其爲不急，乃劇如此，自作之甚者也。羣書治要卷四十四。

夫舊校云：夫疑災，嚴同。按夫下疑脱災字。異變怪者，天下所常有，無世而不然，逢明主賢臣、智士仁人，則修德善政，省職慎行以應之，故咎殃消亡，而禍轉爲福焉。昔大戊遭桑穀生朝之怪，獲中宗之號；武丁有雊雉升鼎之異，身享百年之壽；周成王遇雷風折木之變，而獲反風歲熟之報；宋景公有熒惑守心之憂，星爲徙三舍。由是觀之，則莫善於以德義精誠報塞之矣。故周書曰：「天子見怪則修德，諸侯見怪則修政，大夫見怪則修職，士庶見怪則修身，神不能傷道，妖不能害德。」及衰世薄俗，君臣多淫驕失政，士庶多邪心惡行，是以數有災異變怪。又不能內自省視。畏天戒嚴本作威。遏絶其端，其命在天也。遏絶下九字依文選卷五十三李蕭遠運命論注增。而反外考謗議，求問厥故，惑於佞愚，而以自詿誤，而令患禍得就，皆違天逆道者也。羣書治要卷四十四。

或言：「往者公卿重臣缺，而衆人咸豫部署云：『甲乙當爲之。』後果然。彼何以處舊校云：處疑慮。知，而又能與上同意乎？孔子謂子貢『億則屢中』，令衆人能與子貢等乎？」余應曰：「世之在位人率同輩，相去不甚膠著，其修善少愈者，固上下所昔聞知也。夫明殊者視異，知均者慮侔，故羣下之隱，常與上同度也。如昔湯、武之用伊、呂，高宗之取傅説，桓、穆之授管、寧、由、奚，豈衆人所識知哉？彼羣下雖好意措，亦焉能貞舊校云：貞恐真。嚴本作責。斯以可居大臣輔相者乎？國家設理官，制刑辟，所以定奸邪，又内量舊校云：量恐置。中丞御史，以正齊轂下。故常用明習者，始於嚴本於作以，云有脱誤。欲分正法，而終乎侵輕深刻，皆務酷虐過度。欲見未舊校云：未恐衍。嚴云：當有誤。盡力而求獲功賞，或著能立事，而惡劣弱之謗，是以役以箠楚，舞文成惡，及事成獄畢，雖使皋陶聽之，猶不能聞也。至以言語小故，陷致人於族滅，事誠可悼痛焉。漸至乎朝廷，時有忿悁，聞惡弗原，故令天下相放俱成嚴云：疑有脱。惑，譏有司之行深刻，云下尚執重，而令上得施恩澤，此言甚非也。夫賢吏正士，爲上處事，持法宜如丹青矣。是故言之當必可行也，罪之當必可刑也，如何苟欲阿指乎？如遭上忽略不宿留，而聽行其事，則當受强死也。哀帝時，待詔伍客以知皇舊校云：皇恐星。嚴同。好方道，數召，嚴云：當有見字。後坐帝舊校云：帝恐衍。嚴同。事下獄，獄窮訊得其宿與人言：「漢朝當生勇怒子如武帝者。」刻暴以爲先帝爲「怒子」，非所宜言，大不敬。夫言語之時，過差失誤，乃不足被以刑誅，及詆欺事，可無於舊校云：於恐衍。不至罪。易言：「大人虎變，君子豹變。」即以是論諭人主，寧可謂曰：「何爲比我禽獸乎？」如稱君之聖明與堯、舜同，或可怒曰：「何故比我於死人乎？」世主既不通，而輔佐執事者，復隨而聽之，順成之，不亦重爲矇矇乎？

羣書治要卷四十四。

董賢女弟爲昭儀，居椒風舍。後漢朱祐初學長安，帝往候之。祐不時相勞苦，而先升講舍，後車駕幸其第，帝因笑曰：「主人得無捨我講舍乎？」以有舊恩，數蒙賞愛。說郛卷五十九，太平御覽卷一百八十一居處部，又文選卷一班孟堅西都賦注，又卷五十七謝希逸宋孝武宣貴妃誄注。後漢書卷三十一下班固傳注均引董賢女弟事，上作「居舍號曰椒風」。漢朱祐以下一段與桓譚新論無關，本後漢書朱祐傳語，說郛誤引。

九江太守龐真案縣令高曾孫，嚴均脱曾字。受社祭鼈，有生牛肉二十斤，劾以主守盜，上請逮捕，詔鼈非贓。嚴作脹。天下緣是，諸府縣社臈嚴本作臘。按：臈爲臘之別構。祠祭竈，不但進熟食，皆復多肉米酒脯臘，諸奇珍益盛，是故諸郡府至殺牛數十孫、嚴本均脱十字。頭。太平御覽卷八百六十三飲食部。

余前作王翁掌教大夫，有男子畢康殺其母，孫本無畢康二字。有詔燔燒其子屍，暴其罪於天下。孫本無上六字。余謂此事不宜宣布，上封章一本作事。云：「昔宣帝時，公卿大夫朝會廷中，丞相語次云：孫本次作此。『聞梟生子，子長食其母，乃能飛，寧然邪？』孫本無上三字。時有賢者御覽人事部作德賢者。應曰：『但聞烏子反哺其母耳。』丞相大慚，御覽人事部作大尉。自悔其言之非也。人御覽人事部作羣士。皆少丞相而多彼賢人，賢人之言有益於德化也。是故君子掩惡揚善，御覽人事部有以上八字。鳥獸尚與之諱，況於人乎？不宜發揚也。」意林卷三、太平御覽卷四百九十一人事部，又卷九百二十七羽族部、説郛卷五十九。又山堂肆考羽集第二十三卷：男子畢康殺其母，詔焚其屍，暴其罪於天下。余上章言：「宣帝時，公卿朝會，丞相語次曰：『聞梟生子長，且食其母。寧然？』有賢者應云：『但聞烏子反哺耳。』丞相大慚。君子於禽獸尚爲之諱，況於人乎？」

卷七 啓寤篇

夫不翦之屋，不如阿房之宫；不琢之椽，不如磨礱之桷；玄酒不如蒼梧一本作倉吾。之醇；控揭不如流鄭之樂。初學記卷十五樂部上、太平御覽卷五百六十九樂部。

昔周公光崇周道，澤被四表。文選卷五十六陸佐公石闕銘注。

孔子匹一本作疋。夫耳，而卓本作踔。然名著。至其冢墓，高者牛羊雞豚而祭之，下及酒脯寒具，致敬而去。太平御覽卷八百六十飲食部。

聖人天然之姿，所以絶人遠者也。文選卷二十陸士衡宴玄圃園詩注。

諺言：「三歲學，不如一宋本作三。歲擇師。」太平御覽卷四百四人事部。

孔子以四科教士，隨其所喜。譬如市肆，多列雜物，欲置孫云：置字疑有訛誤。之者並至。意林卷三、繹史卷九十五引同。

子貢對齊景公曰：「臣事仲尼，譬如渴而操杯器就江海飲，滿腹而去，又焉知江海之深也？」文選卷五十三李蕭遠運命論注、卷五十九王簡棲頭陀寺碑文注。

昔顔淵有高妙次聖之才，聞一知十。文選卷四十二應休璉與侍郎曹長思書注。顔淵所以命短，慕孔子所以殤其年也。關一作聞。東鄙一作里。語云：「人聞長安樂，則出門西向而笑；知肉味美，則對屠門而大嚼。」説郛作哨，御覽飲食部作屑。此猶時人雖不別聖，亦復欣慕共列。如庸馬與良駿相追，銜尾至暮，良馬宿所鳴食如故，庸馬垂頭不食，何異顔、孔優劣？意林卷三、四部叢刊據殿本有誤。道藏本、意林聞東里語至亦復欣慕三十七字另爲一段。又文選卷四十二曹子建與吳季重書注，藝文類聚卷七十二食物部，初學記卷二十六服食部，北堂書鈔卷一百四十五酒食部，白帖卷十六，太平御覽卷八百二十八資産部、卷八百六十三飲食部，説郛卷五十九，又古今事文類聚後集卷二十一。

夫畜生賤也，然有禮記少儀疏有作其。尤善者，皆見記識。故馬稱驊騮本作駵。驥騄，牛譽郭椒丁櫟。藝文類聚卷九十四獸部。故犬道韓盧宋⿰犭足。禮記少儀疏。聖賢之材不世，而妙善之技不傳。文選卷四十六王元長曲水詩序注。

吳之翫水若魚鱉，蜀之便山若禽獸。太平御覽卷九百三十二鱗介部四，原題顧譚新語，嚴本引爲桓譚，誤。

畫水鏤冰，與時消釋。意林卷三、太平御覽卷六十八地部三十三。

惟人心之所獨曉，父不能以禪子，兄不能以教弟也。文選卷五十二魏文帝典論論文注。

揚子雲好天文，問之於洛下黄閎以渾天之説，閎曰：「我少能作其事，但隨尺寸法度，殊不曉達其意。後稍稍益愈，到今七十，乃甫適知已，又老且死矣。今我兒子受學作之，亦當復年如我，乃曉知已，又且復死焉。」其言可悲可笑也。太平御覽卷二天部，又北堂書鈔卷一百三十儀飾部曰：「揚子雲好天文，問之於黄門作渾天老工。閎曰：『我少作其事，不曉達其意，到今七十乃始適知，又老且死去。』」孫本據陳禹謨本有異文。」案阮元疇人傳卷二落下閎下引孫星衍云：史記索隱引益部耆舊傳曰：「閎字長公，明曉天文，隱於落下。」閎乃姓黄而隱於落下耳。

予小時聞閭巷言，孔子東遊，見兩小兒辯鬭，問其故。一兒曰：「我以日始出時近，日中時遠。」一兒以日初出遠，日中時近。長水校尉平陵關子陽以爲天去人，上方遠，而四傍近。何以知之？以星宿昏時出東方，其間甚疎，相去一作離，下同。丈餘，及夜半在上方視之甚數，相去惟一二尺。以準度望之，逾益明白，故知天上之遠於傍也。日爲天陽，火爲地陽，地陽上昇，天陽下降。今置火於地，從傍與上診其熱，遠近殊不同，乃差半焉。日中正在上覆蓋人，人當天陽之衝孫本作衡。故熱。於始出時，又從太陰中來，故復涼於其西；在桑榆間，大小雖同，氣猶不如清晨也。桓君山曰：「子陽之言，豈其然乎？」釋道世法苑珠林卷七日月篇、隋書十九志第十四天文志上。又列子湯問篇殷敬順釋文曰：「愴愴，桓譚新論亦述此事，作愴涼。」

通人揚子雲，因衆儒之說天，以天爲如蓋轉，上三字據初學記增，御覽宋本以天爲作以爲蓋。常左旋，日月星辰，隨而東西。乃圖畫形體行度，參以四時曆數昏明晝夜，欲爲世人立紀律，以垂法後嗣。余難之曰：「春秋晝夜欲等平，旦日出於卯，正東方；暮日入於酉，正西方。今以天下之一本作人。占視之；此乃人之卯酉，非天卯酉。天之卯酉，當北斗極，北斗極天樞，樞天軸也，猶蓋有保斗矣。蓋雖轉而保斗不移，天亦一本作以。轉周匝，斗極常在，知爲天之中也。仰視之，又在北，不正在人上，而春秋分時，日出入乃在斗南。如蓋轉，則北道近，南道遠，彼晝夜刻漏之數，何從等平？」一作乎。子雲無以解也。後與子雲奏事待報，坐白虎殿廊廡下，以寒故，背日曝背。有頃，日光去背，不復曝焉，因以示子雲曰：「天即蓋轉而日西行，其光影當照此廊下而稍東耳，無乃是反應渾天家法焉。」子雲立壞其所作，則儒家以爲天左轉非也。太平御覽卷二天部。宋本非也作是也，義相反。晉書天文志日光不復暴背下云：「君山乃告信蓋天者曰：『天若如推磨，右轉而日西行者，其光景當照此廊下，稍而東耳，不當拔出去，拔出去是應渾天法也。』」初學記卷一天部曰：「天如蓋轉左旋，日月星辰隨而東西。」又文選卷二十六王僧達答顏延年詩注曰：「余與揚子雲奏事，坐白虎殿廊廡下，以寒故背日曝焉。」又吳淑事類賦注卷一天部引略同。御覽按楊泉物理論曰：「楊雄非渾天而作蓋天，圓其蓋左轉，日月星辰隨而東西。」桓譚難之，雄不解，此蓋天者復難知也。」又淵鑒類函卷一天部四云：「王仲任據蓋天之說以駁渾儀。桓君山謂仲任之徒曰：『吾待奏報，曝背西廊下，頃之日光出去，是應渾天也。』」案：此誤以子雲爲仲任矣。又論衡說日篇注孫詒讓云：「桓譚新論云『北斗極天樞，樞天軸也，猶蓋有保斗矣。蓋雖轉而保斗不移，天亦轉周匝而斗極常在』，即仲任所本云。」

公孫龍，六國時辯士也，爲堅白案：譚戒甫引作守白，云：「守白原作堅白，與下文語意不合，此殆後人以龍書衹有堅白論，無守白論，而妄改之耳。」之論，假物取譬，謂白馬爲非馬，非馬者言白所以名色，馬所以名形孫本作行。也。色非形，形非色。太平御覽卷四百六十四人事部、說郛卷五十九。常爭論曰：「白馬非馬」，人不能屈，後乘白馬無符，傳欲出關，關吏不聽，此虛言難以奪實也。唐宋白孔六帖白帖卷九、太平御覽卷四百六十四人事部。案：譚介甫公孫龍子形名發微云：「今公孫龍子全書六篇，首篇原題『跡府第一』，文祇二段。前段爲桓譚所作。」又云：「太平御覽引桓譚新論，玆援此文，以與跡府前段相較，其上半正同，特稍多三數語耳。若御覽所引新論，於原文果有刪節，則今跡府前段，全屬譚作無疑。考後漢書本傳，言譚數從劉歆、揚雄辨析疑異，故王充論衡超奇篇曰：『桓君山作新論，論世間事，辯照然否，虛妄之言，僞飾之辭，莫不證定。』蓋譚性耽辯證，故於龍書白馬論，甄明精要，定爲守白，殆非熟研其學者不爲功也。」

戲談以要譽。文選卷四左太冲蜀都賦注引桓譚七説，附載於此。

雒陽季幼賓有小玉，檢謁衛者，史子伯素好玉器，見而奇之，使予報以三萬錢請留焉。幼賓曰：「我與好事長者博一本作傳。之，已雇一本作顧。十萬，非三萬錢玉也。」余驚駭云：「我若於路見此，千錢亦不市也。」故知之與不知，相去甚遠。太平御覽卷八百五珍寶部、淵鑒類函卷三百六十三引有脱文。

卷八　祛蔽篇

余嘗過故陳令同郡杜房，見其舉火夜坐，燃炭乾墻，以上八字依太平御覽卷八百七十火部增。讀老子書，言：「老子用恬淡養性，致壽數百歲，今行其道，寧能延年却老乎？」余應之曰：「雖同形名，而質性才幹乃各異度，有强弱堅脆藏本作毳。之姿焉。愛養適用之，直差愈耳。譬猶衣履器物，愛之則完全乃久。」余見其旁藏本作傍。有麻燭。而炧藏本作灺。垂一尺所，則因以喻事，言：「精神居形體，猶火之然燭矣。如善扶持，隨火而側之，可無滅藏本作滅。而竟燭。燭無火，亦不能獨行於虚空，又不能後然其炧。炧，猶人之耆老，齒墮髮白，肌肉枯腊，而精神弗爲之能案當爲能爲之。潤澤，内外周遍，則氣索而死，如火燭之俱盡矣。人之遭邪傷病而不遇供藏本作共。養良醫者，或强死，死則肌肉筋骨常藏本作當。若火之傾刺風，而不獲救護，亦道藏本作過。滅，則膚餘幹長焉。余嘗夜坐飲内中，然麻燭。藏本無麻字。燭半壓欲滅，即自勑視，藏本自整視，汪本曰自勑視。此從金陵刻經處弘明集本。見其皮有剥釶，乃扶持轉側，火遂度而復。則維人身，或有虧剥劇，能養慎善持，亦可以得度。又人莫能識其始生時，則老亦死，不當自知。夫古昔和平之世，人民嚴本作人物。蒙美盛而生，皆堅强老壽，咸百年左右乃死，死時忽如卧出者。猶果物穀實，久老則自墜落矣。後世遭衰薄惡氣，嫁娶又不時，勤苦過度，是以身生子皆俱傷，而筋骨血氣不充强，故多凶短折，中年夭卒；其遇病或疾痛惻怛，然後中絶。藏本、汪本作終，此從嚴本。故咨嗟憎惡，以死爲大故。昔齊景公美其國，嘉其樂，云：『使古而無死，何若？』晏子曰：『上帝以人之歿爲善，仁者息焉，不仁者伏焉。』藏本、汪本、嚴本伏字均作如字，此據晏子春秋内篇諫上改。今不思勉廣日學自通，以趨立身揚名，如但貪利長生，多求延壽益年，則惑之不解者也。」或難曰：「以燭火喻形神，恐似而非焉。今人之肌膚，時剥傷而自愈者，血氣通行也。彼蒸燭缺傷，雖有火居之，不能復全，是以神氣而生長，如火燭不能自補完，蓋其所以爲異也，而何欲同之？」應曰：「火則從一端起，而人神氣則於體，當從内稍出合於外，若由外腠藏本作湊。達於内，故諸本作固，此依嚴本。未必由端往也。譬猶炭火之爇藏本作難。赤，如水過渡藏本作度。之，亦小滅然復生焉。此與人血氣生長肌肉等。顧其終極，或爲灰，汪本作炙。或爲炧藏本作灱耳。曷爲不可以喻哉？」余後與劉藏本無劉字，此據汪本及御覽增。伯師夜爇脂火坐語，鐙中脂索，而炷燋秃，將滅息，則以示曉伯師，言人衰老，亦如彼秃燈藏本作炵，御覽作炷，此依汪本。矣。又爲言前難麻燭事，伯師曰：「燈藏本作鐙，下同。燭盡，當益其脂，易其燭。人老衰亦如藏本無亦如二字。彼自蹷續。」藏本作續，此從嚴本。余應曰：「人既禀形體而立，猶彼持一燈燭，各本均誤作持燈一燭，此以意改。及其盡極，安能自盡易，盡易之乃在人。人之蹷儻藏本、汪本作黨。亦在天，天或能爲他，其肌骨血氣充强，則形神枝而久生，惡則絶傷，猶火之隨脂燭多少長短爲遲速矣。欲燈燭自盡，藏本作益。易以不能，但促藏本作從。斂傍脂，以染漬其頭，轉側蒸幹，使火得安居，則皆復明焉。及本盡者，亦無以難。今人之養性，或能使墮齒復生，白髮更黑，肌藏本作肥。顔光澤，如彼促脂轉燭者，至壽極亦死耳。明者知其難求，故不以自勞；愚者欺惑，而冀獲益，汪本作盡。脂易燭之力，故汲汲不息。又草木五穀，以陰陽氣生於土，及其長大成實，實復入土，而後能生，猶人之與禽獸昆蟲，皆以雄雌交接藏本作揆。相生，生之有長，長之有老，老之有死，若四時之代謝矣。而欲變易其性，求爲異道，惑之不解者也。弘明集卷五明汪道昆本、大藏經露四及金陵刻經處本。又太平御覽卷八百七十火部：「余與劉伯師夜坐，燈中脂炷燋秃將滅，余謂伯師曰：『人衰老亦如彼秃炷矣。』伯師曰：『人衰老應自續。』余曰：『益性可使白髮更生黑，至壽極亦死耳。』」

余與劉子駿言養性無益，其兄子伯玉孫本玉作生。曰：「天生殺人藥，必有生人藥也。」余曰：「鈎說郛作呴。吻孫本作籐。不與人相宜，故食則死，非爲殺人生也。譬若巴豆毒魚，礜石賊鼠，桂害獺，杏核殺猪，粉鰍畏椒，蜈蚣畏油，粉鰍二句依物理小識增。天非嚴云：一本作非天。故爲作也。」太平御覽卷九百九十藥部、說郛卷五十九、方以智物理小識卷十一互相制条。

余前爲王翁典樂大夫，得樂家書記言：「文帝時，得魏文侯時樂人竇公，年百八十歲，兩目皆盲。文帝奇之，問曰：『何所服食而能至此耶？』對曰：『臣年十三失明，父母哀其不及衆技，教臣爲樂，使鼓琴，日講習以爲常事，臣不導引，無所服餌也，不知壽得若何？』」譚以爲竇公少盲，專一內視，精不外鑒，恒逸樂，所以益性命也，故有此壽。漢書藝文志顏師古注、廣弘明集卷五曹植辯道論、太平御覽卷三百八十三人事部、又卷七百四疾病部、董說七國考卷一引「父母教以鼓琴，日以爲常，無所服餌」。藝文志注引作「臣導引無所服餌」，辯道論引作「臣又能導引」，今從御覽卷七百四，作「不導引」。

元帝被病，廣三輔黃圖卷五作遠。求方士，漢中送道士藝文類聚作逸人。王仲都，詔問何所能，對曰：「但能忍寒暑耳。」因爲待詔。乃以隆冬盛寒日，令袒衣載以駟馬，於上林昆明池上，環冰而馳。御者厚衣狐裘寒戰，而仲都獨無變色。卧於池臺上，曛然自若。夏大暑，使曝日坐，環以十爐火，口不言熱而又身不汗出，此性耐寒暑也。無仙道好奇者爲之。水經卷十九渭水注，又三輔黄圖卷五引至曛然自若句止，又藝文類聚卷五歲時部惟引忍暑一事。又初學記卷三歲時部，太平御覽卷二十二時序部、卷三十四時序部、卷七百五十七器物部，説郛卷五十九，皆有節引。又連江葉氏本張華博物志卷七引王仲都事云：「桓君山君以爲性耐寒暑，以無仙道好奇者爲之。」又太平御覽卷三十四亦有此耐寒也一句，惟歲華紀麗卷二引「王仲都服飛雪散，能盛暑中曝坐，周焚以火，口不言熱而身無汗出」，未云出新論。

近哀、平間方士臨淮一作睢陵。董仲君，嘗犯事坐重罪繫獄，佯病死。數日目陷生蟲，吏捐棄之，出而復活，然後竟死。上四字依辯道論增。故知幻術靡所不有，又能鼻吹口歌，吐舌齘，聳眉動目。荆州有鼻飲之蠻，南城有頭飛之夷，非爲幻也。太平御覽卷六百四十三刑法部，又卷七百三十七方術部，又九百四十四蟲豸部。又連江葉氏本張華博物志卷二、李嚴法苑珠林卷七十六咒術篇。又廣弘明集卷五曹植辯道論引君山又曰：方士有董仲君，有罪繫獄，佯死數日，目陷蟲出，死而復生，然後竟死，云云。曹植甚稱君山爲中興篤論之士，其所著述多善，但於此事則以爲：「人生之必死，君子所達，夫何喻乎？夫至神不過天地，不能使蟄虫夏潛、震雷冬發，時變則物動，氣移而事應，彼仲君者乃能藏其氣、尸其體、爛其膚、出其蟲，無乃大怪乎？」是則君山之言猶不免於信虛言爲實事也。

曲陽侯王根孫本無王根二字。迎方士西門君惠，從其學養生孫本無養生二字。却老之術。君惠曰：「龜稱三千歲，鶴言千歲，以人之材，何乃不及蟲鳥耶？」余應曰：「誰當久與龜鶴同居，而知其年歲耳？」意林卷三、太平御覽卷七百二十服用部。

衛后園有送葬時乘輿馬十匹，吏卒養視，善飲不能乘，而馬皆六十歲乃死。太平御覽卷八百九十七獸部。

劉子駿信方士虛言，謂神仙可學。嘗問人言：「人誠能抑嗜欲，闔耳目，可不衰竭乎？聖人何不學仙而令死耶？聖人皆形解仙去，言死示民有終也。」聖人何不學仙二十四字依文選顏延年五君詠注增。余見其庭下有大榆樹，久老剝折，指謂曰：「彼樹無情欲可忍，無耳目可闔，然猶枯槁朽蠹；人雖欲愛養，何能使之不衰？」藝文類聚卷八十八木部、太平御覽卷九百五十六木部、廣弘明集卷五曹植辯道論、文選卷二十一顏延年五君詠注。

莊周病劇，弟子對泣之。應曰：「我今死，則誰先？更百年生，則誰後？必不得免，何貪於須臾？」意林卷三。

卷九　正經篇

易一曰連山，二曰歸藏，三曰周易。孫本無上四字。連山八萬言，歸藏四千三百言。夏易煩而殷易簡，案朱彝尊經義考卷二引有此句。連山藏於蘭臺，歸藏藏於太卜。依北堂書鈔一百一藝文部增上十二字，連山原本作厲山，案連厲一聲之轉。古文尚書舊有四十五卷，爲十八篇。嚴云：案漢志作四十六卷五十七篇。師古引鄭玄叙贊云：後漢又亡其一篇，故五十七篇，則此當云五十八篇。古帙一作秩。禮記有五十六卷。孫本作四十六卷，今從宋本，與漢志合。古論語二十一卷，與齊、魯文異音四百餘字。依經典釋文序録增上十一字。古孝經一卷二十章，漢志作二十二章。千八百七十二字，今異者四百餘字。蓋嘉論之林藪，文義之淵海也。太平御覽卷六百八學部、意林卷三，又漢書藝文志注。

秦近君當從漢書儒林傳作秦延君，近爲延字之形訛。能説堯典，篇目兩字之説，至十餘萬言，但説「曰若稽古」二三萬言。孫、嚴脱二字。漢書藝文志顔師古注。案：文心雕龍論説篇云：「若秦君延之注堯典十餘萬字，朱普之解尚書三十萬言，所以通人惡煩，羞學章句。」

學者既多蔽暗，而師道又復缺然，此所以滋昏也。文選卷二十顏延年釋奠會作詩注。劉子政、子駿，子駿兄弟子伯玉，俱是通人，尤珍重左氏，教授子孫，下至婦女，無不讀誦。北堂書鈔卷九十八藝文部，太平御覽卷六百一十學部、卷六百一十六學部，説郛卷五十九。惟意林卷三引下有此亦蔽也四字，疑涉識通篇文而誤，今删。

左氏傳遭戰國寢藏。後百餘年，魯人穀梁赤作一作爲。春秋，殘略，多有遺文，一作失。又有齊人公羊高，緣經文作傳，彌失本事矣。陸德明經典釋文序録。左氏傳於經，猶衣之表裏，劉知幾史通卷十四外篇申左。相持而成。經而無傳，使聖人閉門思之，十年不能知也。太平御覽卷六百一十學部。又史通申左引東觀漢記陳元奏云「光武興立左氏，而桓譚、衛宏並共詆訾，故中道而廢」云。案後漢書陳元傳：建武初，議立左氏傳，元詣闕上疏曰：「建立左氏，解釋積結，天下幸甚。」下其議，諸儒讙嘩，左氏復廢。此當指桓譚與衛宏之各讓其短，互鬭其長而言。嚴氏未審其故，以爲桓譚毁左氏，事與新論違異，則誤解矣。

吴之篡弑滅亡，釁由季札，札不思上放周公之攝位，而下慕曹臧之謙讓，名已細矣。春秋之趣，豈謂爾乎？古文苑卷十一酈炎對事，章樵注云：「春秋襄二十九年，吴子使札來聘。公羊子曰：『賢季子也。何賢乎季子？讓國也。』桓譚東漢人，以公羊之説爲未然，炎主譚議，設客問以辨明之。」

諸儒覩春秋之文，録政治之得失，以爲聖人復起，當復作春秋也。自通士若太史公，亦以爲然。余謂之否，何則？前聖後聖，未必相襲也。夫聖賢所陳，皆同取道德仁義，以爲奇論異文，而俱善可觀，猶人食皆用魚肉菜茹，以爲生熟異和而復俱美者也。北堂書鈔卷九十五藝文部。此據舊校影宋本。陳禹謨本删夫聖賢以下，與孫本所輯新論同。又太平御覽卷六十八地部。

太史三代世表，旁行邪上，並效周譜。梁書劉杳傳。

揚雄作玄書，以爲玄者天也，道也，言聖賢制法作事，皆引天道以爲本統，而因附續一作屬。萬類、王政、人事、法度。故宓羲氏謂之易，老子謂之道，孔子謂之元，而揚雄謂之玄。孫本作孔子謂之玄，中脱「元而揚子謂之」六字，嚴本不誤。玄經三篇，以紀天地人之道，立三體，有上中下，如禹貢之陳三品。三三而九，因以九九八十一，故爲八十一卦。以四爲數，數從一至四，重累變易，竟八十一而遍，不可損益，以三十五嚴云：當作六。蓍揲之。玄經五千餘言，而傳十二嚴本作三。篇也。後漢書張衡傳注。又胡三省資治通鑑卷三十音注。

王公子問：孫詒讓云：此王公即王莽也，子字衍。「揚子雲何人耶？」答曰：「才智開通，能入聖道，卓絶於衆，漢興以來未有此人也。」太平御覽卷四百三十二人事部、又卷六百二文部。又王充論衡超奇篇曰：「王公子問於桓君山以揚子雲，君山對曰：『漢興以來未有此人。』君山差才，可謂得高下之實矣。」國師子駿曰：「何以言之？」答曰：「通才孫本二字乙轉。著書以百數，惟太史公爲廣大，餘皆叢殘小論，不能比之，子雲所造法言、太玄經也，玄經數百年外，其書必傳，顧譚不及見也。嚴云：已下對大司空王邑、納言嚴尤問也。見漢書雄本傳。世咸尊古卑今，貴所聞，賤所見。見揚子雲禄位容貌不能動人，故輕易之。文選卷三張平子東京賦注，太平御覽卷六百二文部，漢書揚雄本傳。老子其心玄遠，而與道合。文選卷四十七袁彦伯三國名臣序贊注。嚴云：語未竟，雄本傳作：「昔老聃著虚無之言兩篇，薄仁義，非禮學，然後世好之者尚以爲過於五經，自漢文、景之君及司馬遷皆有是言。今揚子之書，文義至深而論不詭於聖人。」若遇上好事，必以太玄次五經也。論衡超奇篇，文選卷三張平子東京賦注、卷四十七袁彦伯三國名臣序贊注，史通内篇自序，漢書揚雄傳，太平御覽卷六百二文部、又卷四百三十二人事部。

卷十　識通篇

漢高祖建立鴻基，侔功湯、武。使周相趙，不如使取呂后家女爲妃，令戚夫人善事呂后，則如意無斃也。使周相趙以下見史記九六張蒼列傳，正義引桓譚世論，案即桓譚新論之誤。及身病，得良醫弗用，專委婦人，歸之天命，亦以誤矣。此必通人而蔽者也。文選卷二十三謝靈運廬陵王墓詩注。

漢太宗文帝有仁智通明之德，承漢初定，躬儉省約，以惠休百姓，救贍困乏，除肉刑、減律法、薄葬埋、損輿服，所謂達於養生送死一作終。之實者也。及始從代徵時，謀議狐疑，能從宋昌之策，應聲馳來即位，而偃武修文，施布大恩。欲息兵革，與匈奴和親，總攝紀綱，一作綱紀。故遂褒增隆爲太宗也。而溺於俗議，斥逐材臣；又不勝私恩，使嬖妾慎夫人與皇后同席，以亂尊卑之倫，所謂通而蔽也。太平御覽卷八十八皇王部、文選卷四十九范蔚宗皇后紀論注。又北堂書鈔卷七帝王部曰：「聖德元達，卷十五帝王部曰：『總撮紀綱』，陳禹謨本撮作攝。」

漢武帝材質高御覽作英。妙，有崇先廣統御覽作崇文廣業。之規，故即位而開發大志，考合古今，模範前聖故事，建正朔，定制度，招選俊傑，奮揚威怒，武義四加，所征者服，興起六藝，廣進儒術，自開闢以來，惟漢家爲最盛焉。故顯爲世宗，可謂卓爾絶世之主矣。然上多過差，既欲斥境廣土，又乃貪利，争物之無益者。聞西夷大宛國有名馬，即大發軍兵，攻取歷年，士衆多死，但得數十疋耳。武帝有所愛幸姬王夫人，窈窕好容，質性嬛佞。以上十八字依史記集解卷十二孝武本紀增。又歌兒衛子夫，因幸愛重，乃陰求陳皇后過惡，而廢退之，即立子夫，更其男爲太子。後聽邪臣之譖，衛后以憂死，太子出走滅亡，不知其處。信其巫蠱，多徵會邪僻，求不急之方，大起宮室，内竭府庫，外罷天下，百姓之死亡，不可勝數，此所謂通而蔽者也。藝文類聚卷十二帝王部，太平御覽卷八十八皇王部。又北堂書鈔卷十二帝王部曰：「考合古今卷十三帝王部曰：『武義四加，所征者服。』」

揚子雲在長安，素貧約，比歲已甚，亡其兩男，哀痛不已，皆歸葬於蜀，遂至困乏。子雲達聖道，明於死生，宜不下季札，然而慕戀本作怨，依宋本、御覽改。死子，不能以義割恩，自令多費。子雲達聖道下共三十字依御覽增。爲中散大夫，病卒，貧無以辦喪事，以貧困故葬長安，妻子棄其墳墓，西歸於蜀，此罪在輕財，通人之蔽也。孔平仲珩璜新論頁三十二，又太平御覽卷五百五十六禮儀部。按：藝文類聚卷四十、太平御覽卷五百五十八引揚雄家牒云：「子雲以甘露元年生，以天鳳五年卒，葬安陵阪上。所厚沛郡桓君山、平陵如子禮，弟子鉅鹿侯芭共爲治喪。諸公遣世子朝臣郎吏行事者會送。桓君山爲歛賻，起祠塋，侯芭負土作墳，號曰玄冢。」

張竦知有賊當去，會反支日不去，因爲賊所殺，桓譚曰：「爲通人之蔽也。」漢書九十二游俠傳、陳遵傳注引李奇云。

卷十一　離事篇

據劉向新序有雜事，離字當爲雜字之誤。

人抱天地之體，懷純粹之精，有生之最靈者也。是以貌動於木，言信於金，視明於火，聽聰於水，思睿於土。五行之用，動靜還與神通。貌恭則肅，肅時雨若；言從則乂，乂時暘若；視明則哲，哲時燠若；聽聰則謀，謀時寒若；心嚴則聖，聖時風若。金木水火皆載於土，雨暘燠寒皆發於風，貌言視聽皆生於心。蕭吉五行大義卷四第十九論治政。案尚書洪範：「初一曰五行，次二曰敬用五事。一五行：一曰水，二曰火，三曰木，四曰金，五曰土。二五事：一曰貌，二曰言，三曰視，四曰聽，五曰思。又八，庶徵：曰雨，曰暘，曰燠，曰寒，曰風。曰休徵：曰肅，時雨若；曰乂，時暘若；曰哲，時燠若；曰謀，時寒若；曰聖，時風若。曰咎徵：曰狂，恒雨若；曰僭，恒暘若；曰豫，恒燠若；曰急，恒寒若；曰蒙，恒風若。」君山本此以貌言視聽思比之於雨湯燠寒風之分。取五事應於五行，大意言天人相似而人爲最靈。五聲各從其方，春角，夏徵，秋商，冬羽，宮居中央而兼四季，以五音須宮而成，可以殿上五色錦屏風諭而示之。望視則青赤白黃黑，各各異類，就視則皆以其色爲地，五一作四。色文飾之。欲其孫本無其字。爲四時五行之樂，亦當各以其聲爲地，而用四聲文孫本無文字。飾之，猶彼五色屏風矣。北堂書鈔卷一百三十二服飾部、太平御覽卷七百一服用部。

五福：壽、富、貴、安樂、子孫衆多。意林卷三。案洪範：「五福：一曰壽，二曰富，三曰康寧，四曰攸好德，五曰考終命。」

齊桓公行見麥初學記、宋本作夌。丘人，問其年幾何？曰：「八十三矣。」孫本作年。公曰：「以子之壽祝寡人乎？」答曰：「使主君甚壽，金玉是賤，以人爲寶。」太平寰宇記卷十二河南道十二。又初學記卷八州郡部引齊桓公行見麥丘人一句。

五藏。出三藏記集第十二梁釋僧佑世界記目録序云：「世主蒙昧，莫詳厥體，是以憑惠獨慮，闚六合之相持；桓譚距問，率五藏以爲喻云。」

二儀之大，可以章程測也；三綱之動，可以圭表測也。文心雕龍輯注卷五章表第二十二。

余爲郎，典漏刻，燥濕寒温輒異度，故有昏明晝夜。晝日參以晷景，夜分參以星宿，則得其正。北堂書鈔卷一百三十儀飾部、初學記卷二十五器物部，又太平御覽卷二天部。

通曆數家算法推考其紀，從上古天元已來，訖十一月甲子夜半朔冬至，日月若連璧。初學記卷四歲時部。歲華紀麗卷四引末一句。

王者造明堂辟雍，所以承天行化也。初學記卷九帝王部，太平御覽卷五百三十三禮儀部。

天稱明故命曰明堂，爲四面堂，各從其色，以倣四方。上圓法天，下方法地，八窗法八風，四達法四時，九室法九州，十二坐法十二月，三十六户法三十六雨，七十二牖法七十二風。劉昭續漢志八祭祀志中，又初學記卷十三禮部，藝文類聚卷三十八禮部。

王者作圓池，如璧形，實水其中，以環御覽作圜。壅之，名御覽作故。曰辟雍。言其上承天地，以班教令，流轉王道，周御覽作終。而復始。藝文類聚卷三十八禮部，太平御覽卷五百三十四禮儀部。

商人謂路寢爲重屋，商於虞、夏稍文，加以重檐四阿，故取名。玉海卷九十五郊祀。

阮元揅經室集明堂論（見清經解卷一千六百九）引御覽。阮元云：「此誤以國中南面之路寢爲部外四面堂之路寢也。」

言太山之上有刻石，凡千八百餘處，而可識知者，七十有二。初學記卷九帝王部，又

太平御覽卷五百三十六禮儀部，說郛卷五十九無首言字，刻石作石刻。

四瀆之源，河最高而長，從高注下，水流激峻，故其流急。水經注卷一河水注，又藝文

類聚卷九水部曰：「其流激浚，故爲平地災害。」

夏禹之時，鴻水浡潏。文選卷十二木玄虛海賦注。

王平仲云：「周譜言：『定王五年，河徙故道，水經注河水五道作瀆。今所行處，非禹所穿。』」意林卷三。

案漢書二十九溝洫志第九云：「大司空掾王橫言：『河入勃海，勃海地高

於韓牧所欲穿處。往者天嘗連雨，東北風，海水溢，西南出，浸數百里，九河之地已爲海所漸矣。禹之行河水，本隨西山下，東北去。周譜云：「定王五年河徙。」則今所行非禹之所穿也。又，秦攻魏，決河灌其都，決處遂大，不可復補，宜卻徙完平處，更開空，使緣西山足，乘高地而東北入海，乃無水災。』沛郡桓譚爲司空椽，典其議，爲甄豐言：『凡此數者，必有一是，宜詳考驗，皆可豫見。計定然後舉事，費不過數億萬，亦可以事。諸浮食無產業民，空居與行役同當衣食，衣食縣官而爲之作，乃兩便。可以上繼禹功，下除民疾。』王莽時但崇空語，無施行者。」

大司馬張仲議孫本作義。曰：「河水濁，一石水，六斗泥，而民競決河溉田，令河道不通利。至三月桃花水至，則決，以其噎不泄也，可禁民勿復引河。」太平御覽卷六十一地部、吴淑事類賦注卷六地部。

案漢書二十九溝洫志第九云：「大司馬長安張戎言：『水性就下，行疾則自刮除成空而稍深，河水重濁，號爲一石水而六斗泥。今西方諸郡以至京師東行，民皆引河、渭山川水漑田，春夏乾燥，少水時也，故使河水遲貯淤而稍淺，雨多，水暴至則溢決。而國家數隄塞之，稍益高於平地，猶築垣而居水也；可各順從其性，毋復灌漑，則百川流行，水道自利，無溢決之害矣。』」魏三月上祀，農官讀法，法曰：「耒無十其羽，鋤無泥其塗。春田如布平以直；夏田如鶩；秋田惕惕，如寇來不可測；冬田吴、越視。上上之田收下下，女則有罰；下下之田收上上，女則有賞。」董説七國考卷二。

漢宣御覽作定，此據文選注。以來，百姓賦斂一歲爲四十餘萬萬，吏俸用其半，餘二十萬萬藏於都内爲禁錢。一本作財。少府所領園地作務之八十三萬，宋本、御覽下重萬字。以給宫室供養諸賞賜。太平御覽卷六百二十七治道部，文選卷三十六王元長永明九年策秀才文注。

王莽時置西海郡，案王莽傳：居攝元年，西羌怨莽奪其地作西海郡。孫本作四海郡，有訛誤。令其吏皆百石親事（一曰爲四百石），二歲而遷補。續漢志二十八百官志五注。

余年十七，孫本作七十，所據乃誤本。爲奉車郎中，衛殿中小苑西門。太平御覽卷二百十五職官部。

譚謂揚子曰：孫本作桓謂揚雄曰。「君孫本君作吾。之爲黄門郎，居殿中，數見輿輦、玉瑵、華芝及鳳凰、三蓋之屬，皆玄黄五色，飾以金玉翠羽珠絡錦綉茵席者也。北堂書鈔卷一百四十一車部。續漢志二十九輿服志上注、又文選卷一班孟堅西都賦注云：「乘車、玉爪、華芝及鳳凰、三蓋之屬。」玉瑵作玉爪。又後漢書班固傳注亦引此二句，又文選卷二十二顔延年游曲河後湖詩注同，又卷五十七宋孝武宣貴妃誄注引「乘輿鳳凰蓋飾以金玉」二句，卷十六潘安仁寡婦賦注引「君數見乘輿錦綉茵席」一句。

王莽起九廟，以銅爲柱甍，帶一本作大。金銀錯鏤其上。太平御覽卷五百三十一禮儀部。

楚之郢案北堂書鈔孫本從陳禹謨，郢作鄂。都，車轂擊，民肩摩，市路相排突，號爲朝衣鮮御覽作新。而暮衣弊也。北堂書鈔卷一百二十九衣冠部，又太平御覽卷七百七十六車部，誤「車掛轂」。「排突」作「交號」。又嚴本引民作巳，蓋據唐人傳鈔避諱。

宋康王爲無頭之冠以示勇。太平御覽卷六百八十四服章部，山堂肆考征集第四十四卷。

呈衣冠於裸川。任昉述異記卷上引桓譚新論，下云「海上有裸人鄉」。

宓犧之制杵臼，一本作舂。萬民以濟，及後人加功，因延力借身重以踐碓，而利十倍杵舂。又復設機關，用驢贏說郛作騾。牛馬及役水而舂，其利說郛作力。乃且一本無乃且二字。百倍。太平御覽卷八百二十九資産部，又卷七百六十二器物部曰：「伏羲制杵臼之利，後世加巧，因借身以踐碓，而利十倍。」「復設機關，用驢贏牛馬及役水而舂，其利百倍。」

孔子問屠牛坦曰：「屠牛有道乎？」曰：「刺必中解，割必中理，盤筋所引，終葵而椎。」太平御覽卷七百六十三器物部八引桓譚上事。

莊王爲車，鋭上斗下，號曰「楚車」。董説七國考卷八。

雖不見古路車，亦數聞師之説，但素輿而蒲茵也。淵鑑類函卷三百八十七車部。

排斥曰「批抵」，書叙指南卷六引桓譚。斥無益客曰「罷遣常客」，同上卷六引。負喧曰「偃曝」。同上卷九引。

扶風邰亭，本太王所居，有夜市，古詞鐵馬牙旗穿夜市。山堂肆考卷二十七。

卷十二　道賦篇

余少時學，孫、嚴本均無學字。好離騷，博觀他書，輒欲反學。北堂書鈔卷九十七藝文部。

楊子雲工於賦，王君大北堂書鈔作君大素。曉習萬劍之名，凡器遥觀而知，不須手持熟察。以上十八字依北堂書鈔一百二十二武功部增。余欲從二子學。子雲曰：「能讀千賦，則善賦。」君大曰：「能觀千劍，則曉劍。」諺曰：「伏習象神，巧者不過習者之門。」意林卷三，文選卷十七陸士衡文賦注，又藝文類聚卷五十六雜文部、卷七十五方術部，又太平御覽卷三百九十九人事部、卷五百八十七文部。又楊慎赤牘清裁有揚雄答桓譚書云：「長卿賦不似人間來，真神化所至邪！大諦能讀千賦，則能爲之。諺云：『伏習衆神，巧者不過習者之門。』」案：諺云以下乃掇拾桓譚語。

余少時見揚子雲麗文高論，不自量年少新進，猥欲逮及，一作迨，孫本作欲繼之。嘗激一事而作小賦，用精思太劇，而立感動致疾病。子雲亦言：成帝時，趙昭儀方大幸，每上甘泉，詔使作賦，一首始成，卒暴倦卧，夢五藏出地，以手收内之，及覺，大少氣，病一年。由此言之，盡思慮，傷精神也。意林卷三，文選卷十七陸士衡文賦注、揚子雲甘泉賦注，藝文類聚卷五十六雜文部、卷七十五方術部，又太平御覽卷三百九十九人事部、卷五百八十七文部、卷七百三十九疾病部。又説郛卷五十九云：「以手收内入，覺太少氣，一年卒。」北堂書鈔卷一百二藝文部亦云。

余少時爲奉車郎，孝成帝出祠甘泉河東郡，先置華陰集靈宫，武帝所造門曰望仙，殿曰存仙，欲書壁爲之賦，以頌美二仙之行。余户此焉，竊有樂高眇之志，即書壁爲小賦。孫本作「余承命爲作仙賦，以書甘泉之壁」。嚴本至頌美二仙之行，無下余户此焉十七字。北堂書鈔卷一百二文藝部，又藝文類聚卷七十八有此賦並序。

諺曰：「侏儒見一節，而長短可知。」孔子言：「舉一隅足以三隅反。」觀吾小時二賦，亦足以揆其能否。太平御覽卷四百九十六人事部，又卷三百六十八人事部引侏儒見一節而長短可見一句。

及相如之弔二世，全爲賦體，桓譚以爲其言惻愴，讀者歎息，及平一本作卒。章要切斷而能悲也。文心雕龍卷三哀弔第十三疑所據爲新論佚文，附載於此。

文家各有所慕，或好浮華，而不知實覈；或美衆多，而不見要約。文心雕龍定勢引桓譚。

予見新進麗文，美而無採，又見劉、揚言辭，常輒有得。文心雕龍通變引。

卷十三　辨惑篇

天下神人五：一曰神仙，二曰隱淪，三曰使鬼物，四曰先知，五曰鑄凝。孫本作疑，此據嚴本。文選卷十二郭景純江賦注、卷二十一顏延年五君詠詩注、卷二十七謝玄暉敬亭山詩注、卷三十九任彦昇爲卞彬、謝脩、卞忠貞墓啓注。案：以上五者，皆新論之所謂惑也。隱淪即隱形，鑄凝謂黄白術也。張華博物志卷四曰：「揚雄云無仙道，桓譚亦同。」周日用注云：「神仙之道盛矣！非揚雄、桓譚之所能知。且秦穆、趙鞅皆見上帝，帝亦由仙乎？既有鬼神，豈無仙界？由此有神論者之論難，益信『君山無仙道，好奇者爲之』之説爲不可及也。」

昔楚靈王驕逸輕下，簡賢務鬼，信巫祝之道，齋戒潔鮮，以祀上帝，禮羣神。躬執羽紱，起舞壇前，吴人來攻，其國人告急，而靈王鼓舞自若，顧應之曰：「寡人方祭上帝，樂明神，當蒙福祐焉。」不敢赴救，而吴兵遂至，俘獲其太子及后姬以下，甚可傷。天中記卷四十二，太平御覽卷五百二十六禮儀部，又卷七百三十五方術部曰：「昔楚靈王驕逸輕下，信巫祝之道，躬舞壇前，吴人來攻，其國告急，而靈王鼓舞自若。」又董説七國考卷七、卷九所引與御覽大同。

漢武帝所幸李夫人死，帝痛惜之，孫本無上四字。方士李少君言能致其神魂。孫本無魂字。乃夜設燭張幄，置夫人神影，孫本無上五字。令帝居於他帳中，孫本無於字、中字。遥望孫本無望字。見好女，似夫人之狀，還帳坐。文選卷二十三潘安仁悼亡詩注，又北堂書鈔卷一百三十二服飾部曰：「武帝思念李夫人不已，有方士齊人李少翁，言能致夫人之神。乃夜設燭燈於幄帷，令帝别居它帳中，遥望見李夫人之貌。」又太平御覽卷六百九十九服用部曰：「李少君置武帝李夫人神影於帳中，令帝觀之。」

余嘗與郎冷喜出，見一老翁一本作公。糞上拾食，頭面垢醜，不可忍視。喜曰：「安知此非神仙？」一本下有耶字。余曰：「道必形體，如此無以道焉。」太平御覽卷三百八十二人事部。

哀帝時有老才人范蘭，言年三百歲，初與人相見，則喜而相應和；再三，則罵而逐人。太平御覽卷四百六十六人事部。

薛翁者，長安善相馬者也。於邊郡求得駿馬，惡貌而正走名驥子。以上八字依文選左太沖蜀都賦注。騎以入市，去來人不見也。後勞問之，因請觀焉。一本作馬。翁曰：「諸卿無目，不足示也。」藝文類聚卷九十三獸部，太平御覽卷八百九十七獸部九。

昔二人評玉，一人曰好，一人曰醜，久不能辨。客曰：「爾朱入吾目中，則好醜分矣。」夫玉有定形，而察之不同，非好相反，瞳睛殊也。廣博物志卷三十七。

扶風漆縣之邠亭部，言本大王所處。御覽作據。其民有會日，以相與夜中市；如不爲，則有重災咎。初學記卷二十四居處部，太平御覽卷八百二十七資産部末句作有羞。劉昭續漢志卷十九郡國志一首二句作部在漆縣，下同。

太原郡民以隆冬不火食五日，御覽、說郛引日誤月。雖有疾病緩急猶不敢觸犯，北堂書鈔卷一百四十三酒食部二。爲介子推故也。王者宜應改易。藝文類聚卷三歲時部，太平御覽卷二十七時序部、卷八百四十九飲食部，說郛卷五十九，又後漢書九十一周舉傳云：「太原一郡，舊俗以介子推焚骸，有龍忌之禁，至其亡月，咸言神靈不樂舉火，由是士民每冬中輒一月寒食，莫敢烟爨，老小不堪，歲多死者。舉既到州，乃作弔書以置子推之廟，言盛冬去火，殘損民命，非賢者之意，以宣示愚民，使還温食。」李賢注曰：「其事見桓譚新論。」又北堂書鈔卷一百四十三酒食部孫楚祭介之推文云：「太原咸奉介君之靈，至三月清明，斷火寒食。」孫本誤收此条入新論。

呂仲子婢死，有女年四歲，數來爲沐頭浣濯。道士云：「其家青狗爲之，殺之則止。」楊孫本作傷。仲文亦言：所知家嫗死，忽起飲食，醉後而坐祭牀上，如是三四，家益厭苦。其後醉行壞垣，得老狗，便打殺之，推問乃里頭沽家狗。太平御覽卷八百八十五妖異部，又卷九百五獸部曰：「呂仲子婢死，有兒年四歲，葬後數來撫循之，亦能爲兒沐頭，其家人惡之，以告方士，曰：『有狗爲妖。』殺之，婢遂不復來。」又曰：「楊仲文家嫗死，已殮未葬，忽起坐棺前牀上，飲酒醉而狗形見，殺之。」

武帝出璽印石。財有兆朕，子侯則沒印。帝畏惡，故殺之。史記索隱卷九封禪書第六下云：風俗通亦云然。

天下有一本作昔有。鸖一作鶴。鳥，郡國皆食之，而三輔俗獨不敢取，取一本下有之字。或雷電霹靂起。原夫天不獨左彼而右此，殺鳥適與雷遇耳。太平御覽卷十三天部，又卷九百二十五羽族部。孫所據本末三句作「原夫天豈獨右此鳥，其殺取時，適與雷遇耳」。遇，御覽羽族部作偶。

劉歆致雨具，作土龍、吹律及諸方術無不備設。譚問：「求雨所以爲土龍，何也？」曰：「龍見者輒有風雨興起，以迎送之，孫本迎送二字乙轉。故緣其象類而爲之。」劉昭續漢志五禮儀志中注。

難以頓牟磁石，不能真是，何能掇針取芥，子駿窮無以應。論衡亂龍篇。

淮南王之子娥嚴云：當誤。安二子：太子遷、孽子不害，未知孰是？迎道人作金銀，云：孫本云上有又字。「鉛字孫本作字鉛，下無金字。金與公，鉛則金之公，而銀者，金之昆弟也。」太平御覽卷八百十二珍寶部。

漢依道藏本、魯藩本抱朴子增。黄門御覽作期門。郎程偉，好黄白術，娶妻得知方家女。偉常從駕出，而無時衣，甚憂。妻曰：「請致兩端縑。」縑即無故而至前。偉按枕中鴻寶作金，不成，妻乃往視偉，偉方扇炭燒筩，筩中有水銀。妻曰：「吾欲試相視一事。」乃出其囊中藥，少少投之。食頃發之，已成銀。偉大驚曰：「道近在汝處，而不早告我，何也？」妻曰：「得之須有命者。」於是偉日夜説誘之，賣田宅以供美食衣服，猶不肯告偉。偉乃與伴謀撾笞伏之。妻輒知之，告偉言：「道必當傳其人。得其人，道路相遇輒教之；如非其人，口是而心非者，雖寸斷支解，而道猶不出也。」偉逼之不止，妻乃發狂，裸而走，以泥自塗，遂卒。抱朴子內篇黄白引桓君山言，又太平御覽卷八百十二珍寶部引甚簡略。

史子心見署爲丞相史官，架屋發吏卒，及官奴婢以給之，作金不成，丞相自以力不足，又白傅太后，太后不復利於金也，聞金成可以作延年藥，又甘心焉。乃除之爲郎，舍之北宮中，使者待遇。寧有作此神方，可於宮中而令凡人雜錯共爲之者哉？抱朴子內篇十六黄白引桓譚新論，嚴輯本引至使者待遇，缺「寧有作此」以下二十一字。

卷十四　述策篇

世有圍棋之戲，文選注作俗有圍碁，無之戲二字。或言是兵法之類也。及爲之上者，遠碁疏張，置以會圍，因而伐之，成多得道之勝。文選注作張置疏遠，多得道而爲勝。中者則務相絕遮，要以争便求利。文選注作以争便利。故勝負狐疑，須計數而定。下者則守邊隅，文選注無隅字。趨作罫孫本罫作罣，下同。目，以自生於小地，然亦必不如。文選注無然亦句。察薛公之言，黥布反也。上計云：「取吳、楚，並齊、魯及燕、趙者，此廣道地之謂也。」文選注云：猶薛公之言黥布反也，上計取吳、楚，廣道者也。其中計云：「取吳、楚，並韓、魏，塞成皋，據敖倉，此趨遮要争利者也。」文選注云：中計塞城絕遮要，争利者也。下計云：「取吳下蔡，文選注無此四字。據長沙道藏本、意林作長江。以臨越，此守邊隅作罫目者也。更始帝將相不能防衛，而令罫中死碁皆生也。意林卷三，趙蕤長短經卷六三國權第十九，史記集解卷九十一黥布列傳，又太平御覽卷七百五十三工藝部，文選卷五十二韋宏嗣博奕論注多末三句。又原注：罫，古買反，綫間方田也。

或云：「陳平爲高帝解平城之圍，則言：『其事祕，世莫得而聞也。』此以工妙踔善，故藏隱不傳焉。子能權知斯事否？」吾應之曰：「此策乃反薄陋拙惡，故隱而不泄。高帝見圍七日，而陳平往說閼氏。閼氏言於單于而出之，以是知其所用說之事矣。彼陳平必言：漢有好麗美女，爲道其容貌天下無有，今困急，已馳使歸迎取，欲進與單于。單于見此人，必大好愛之；愛之（孫本無二之字。）則閼氏日以遠疏，不如及其未到，令漢得脱去，去亦不持女來矣。閼氏婦女，有妒媢之性，必憎惡而事（孫本作剚，乃誤字。案漢書蒯通傳：「慈父孝子所以不敢事及於公之腹者，畏秦法也。」李奇注：「以物臿地中爲事。」事去當與事及義相近。」去之。此説簡而要，及得其用，則欲使神怪，故隱匿不泄也。」劉子駿聞吾言，乃立稱善焉。（史記集解卷五十六陳丞相世家引桓譚新論下云：「按漢書音義應劭説此事，大旨與桓論略同，不知是應全取桓論，或别有所聞乎？」又漢書高帝紀注應劭曰：「陳平使畫工圖美女，間遣人遺閼氏云：『漢有美女如此，今皇帝困厄，欲獻之。』閼氏畏其奪己寵，因謂單于曰：『漢天子亦有神靈，得其土地，非能有也。』於是匈奴開其一角，得突出。鄭氏曰：『以計鄙陋，故秘不傳。』」師古曰：「應氏之説出桓譚新論，蓋譚以意測之，事當然耳，非記傳所説也。」又白孔六帖白帖卷二十一曰：「高祖被圍平城，説閼氏言：漢有美女，天下無雙，急則進單于。單于必得大重之，則閼氏之寵衰矣，是謂出奇計也。」又藝文類聚卷十八人部云：「陳平説單于閼氏，言漢有好麗美女，其容貌天下無雙，急以進單于，單于見此，必大愛之，則閼氏疎矣。」太平御覽卷三百八十一人事部云：「或曰陳平爲高帝解平城圍，隱而不傳，子能知之乎？」曰：「陳平説閼氏，言漢有美女，其容貌天下無雙，今急馳使歸迎，欲進單于，單于見必愛之，則閼氏言之單于而得免也。」）

賈人多通侈靡之物，羅紈綺綉，雜綵玩好，以淫人耳目，而竭盡其財，是爲下樹奢禖而置貧本也。求人之儉約富足，何可得乎？夫俗難卒變而人不可暴化，宜抑其路，使之稍自衰焉。後漢書列傳第十八上桓譚傳注引東觀記載譚言，疑出新論。

卷十五　閔友篇

諺曰：「有白頭如新，傾蓋如故。」言内有以相知與否，不在新故也。史記集解卷八十三鄒陽列傳。

夫以人言善我，亦必以人言惡我。王翁使都尉孟孫往泰山告祠，道過徐州，徐州牧宋仲翁，道余才智，陳平、留侯之比也。孟孫還，喜謂余曰：「仲翁盛稱子德，子乃此耶？」嚴本作邪，此依道藏本。余應曰：「與僕遊四五歲，不吾見稱。今聞仲翁一言而奇怪之，若有人毁余，子亦信之，吾畏子也。」意林卷三。

揚子雲大才而不曉音，余頗離雅操而更爲新弄。一本作聲。子雲曰：「事淺易喜，一本作善。深者難識，卿不好雅頌而悦鄭聲，宜也。」太平御覽卷五百六十五樂部。

張子侯曰：「楊子雲，西道孔子也，乃貧如此？」吾應曰：「子雲亦東道孔子也。昔仲尼豈獨是魯孔子，亦齊、楚聖人也。」意林卷三。案：文選卷四十六任彥昇王文憲集序注引揚雄與桓譚書云：「望風景附，聲訓自結。」蓋二賢之相許如此。

謂楊子雲曰：「如後世復有聖人，徒知其才能之勝己，多不能知其聖與非聖也。」子雲曰：「誠然。」論衡講瑞篇。

陽城子姓張名衡，蜀郡人，王翁嚴云：翁下當有時字。與吾俱爲講學祭酒，及寢疾，豫買棺槨，多下錦繡，立被發塚。太平御覽卷八百十五布帛部。

有通人如子禮。林寶元和姓纂卷二百九魚引桓譚新論並云：漢書長安富人如氏也。時農。同上卷二七之。

茂陵周智孫曰：「胡不爲賦頌？」余應之曰：「久爲大司空掾，見使兼領衆事，典定大議，汲汲不暇，以夜繼晝，安能復作賦頌耶？」職官分紀卷五掾屬。

關並字子陽，孫本作埸。材智通達也。漢書二十九溝洫志第九注。

張戎，字仲功，習灌溉事也。漢書注同上。

韓牧字子台，善水事。漢書注同上。

案漢書二十九溝洫志云：「王莽時徵能治河者以百數，其大略異者，長水校尉平陵關並言：『河決，率常於平原、東郡左右，其地形下而土疏惡，聞禹治河時，本空此地，以爲水猥盛則放溢，少稍自索。雖時易處，猶不能離此。上古難識，近察秦、漢以來，河決曹、衛之域，其南北不過百八十里者。可空此地，勿以爲官亭民舍而已。』」又大司馬長安張戎習灌溉事，見卷十一離事篇，此不具載。又御史臨淮韓牧，同志云：「韓牧以爲可略於禹貢九河處穿之，縱不能爲九，但爲四五，宜有益云。」

莊尤，字伯石。後漢書卷一光武帝紀「王莽納言將軍嚴尤」，李賢舊注引桓譚新論云：「此言嚴，諱明帝諱也」。

高君孟頗知律令，嘗自伏寫書，著作郎署哀其老，欲代之，不肯，云：「我躬自寫，乃當十遍讀。」北堂書鈔卷一百一藝文部，太平御覽卷六百十四學部。孫、嚴本均脱孟字、署字。

余同時佐說郛作左。郎官有梁子初、楊一作揚。子林，好學，所寫萬卷，至于白首。常有所不曉百許寄余，余觀其事，皆略可見。太平御覽卷六百十九學部，説郛卷五十九。

卷十六　琴道篇

琴，神農造也。琴之言禁也，君子守以自禁也。顧野王玉篇卷十六，又初學記卷十六樂部云：「神農作琴。」

八音之中，惟絃爲最，而琴爲之首。初學記卷十六樂部，太平御覽卷五百七十九樂部，第二句作惟絲最密。

大聲不震譁孫本作華。而流漫，細聲不湮滅而不聞。文選卷十八成公子安嘯賦注引琴道語。

八音廣博，琴德最優。文選卷十八潘安仁笙賦注。

昔神農氏繼宓羲而王天下，上觀法於天，下取法於地，近取諸身，遠取諸物，於是始削桐爲琴，練一作繩。絲爲絃，以通神明之德，合天地之和焉。藝文類聚卷四十四樂部、卷八十八木部，文選卷十三謝希逸月賦注，又卷二十八白頭吟注，太平御覽卷五百七十九樂部、卷八百十四布帛部，末句和作叙。又卷九百五十六木部引「神農、黄帝削桐爲琴」。梧桐作琴，三尺六寸有六分，象朞之數；厚寸有八，象三六數；廣六分，象六律。上圓而斂，法天；下方而平，法地。上廣下狹，法尊卑之體。意林卷三。琴隱長四十五分，隱以前長八分。文選卷三十四枚乘七發注。五絃第一絃爲宫，其次商、角、徵、羽，文王、武王各加一絃，以爲少宫、少商，説者不同。杜佑通典卷一百四十四樂典。下徵七絃，總會樞極。文選卷十八馬季長長笛賦注引琴道語。琴七絃，足以通萬物而考治亂也。文選卷十五張平子思元賦注引琴道語，又初學記卷十六樂部，太平御覽卷五百七十九樂部，治作理。

古者聖賢，玩琴以養心，夫遭遇異時，窮則獨善其身，而不失其操，故謂之「操」。達則兼善天下，無不通暢，故謂之「暢」。意林卷三，文選卷十一鮑明遠蕪城賦注、又卷十六司馬長卿長門賦注、卷十七傅武仲舞賦注、卷十八嵇叔夜琴賦注、卷三十四枚乘七發注。堯暢經，逸不存。舜操，其聲清以微。意林卷三。舜操者，昔虞舜聖德玄遠，遂升天子，喟然念親，巍巍上帝之位不足保，援琴作操。文選卷十八嵇叔夜琴賦注引琴道語。禹操者，昔夏之時，洪水襄陵沈丘，禹乃援琴作操，其聲清以溢，潺潺湲湲，志在深河。北堂書鈔卷一百九樂部。案陳禹謨本，沈丘作壤山，溢作益，孫本同。嚴本沈丘作沈山。微子操，微子傷殷之將亡，終不可奈何，見鴻鵠高飛，援琴作操，文選卷十八琴賦注引琴道語。又太平御覽卷九百十六羽族部引微子操數語，「援琴作操」句下有「其聲清以淳」五字。操似鴻雁詠之聲。文選注同上引琴道語。微子操，其聲清以淳，清以淳，文選注引作清以浮。箕子操，其聲淳以激。意林卷三，文選注，藝文類聚樂部，太平御覽卷五百七十九樂部、卷八百四十布帛部。伯夷操，似鴻雁之音。文選卷十八馬季長長笛賦注引琴道語。文王操者，文王之時，紂無道，爛金爲格，一作烙。溢酒爲池，宮中相殘，骨肉成泥，琁室瑶臺，藹雲翳風，鐘聲雷起，疾動天地。文王躬被法度，陰行仁義，援琴作操，故其聲紛以擾，駭角震商。太平御覽卷八十四皇王部，又北堂書鈔卷四十一政術部引「紂爛金爲格，溢酒爲池，骨肉成泥」三句，陳禹謨本格改烙，孫本引同。

晉師曠善知音。衞靈公將之晉，宿於濮水之上，夜聞新聲，召師涓告之曰：「爲我聽寫之。」曰：「臣得之矣。」遂之晉。晉平公饗之，酒酣，靈公曰：「有新聲，願奏之。」乃令師涓鼓琴，未終，師曠止之曰：「此亡國之聲也。」後漢書三十六列傳第二十六陳元傳注。

雍門周以琴見孟嘗君曰：「先生鼓琴，亦能令文悲乎？」對曰：「臣之所能令悲者，先貴而後賤，昔富而今貧，擯壓窮巷，不交四鄰，不若身材高妙，懷質抱真，逢讒羅謗，孫本作譖，案宋刊本三國志及荆山子琴諷均作謗。怨結而不得信；不若交歡而結愛，無怨而生離，遠赴絶國，無相見期；不若幼無父母，壯無妻兒，出以野澤爲鄰，入用窟孫本作掘，宋刊三國志作掘，此據荆山子琴諷改。穴爲家，困於朝夕，無所假貸。若此人者，但聞飛鳥之號，秋風鳴條，則傷心矣。臣一爲之援琴而長太息，未有不悽惻而涕泣者也。今若足下，居則廣廈高堂，連闥一作門。洞房，下羅帷，來清風，倡優在前，諂諛孫本乙轉。此據宋刊三國志及荆山子琴諷改。侍側，揚激楚舞，鄭妾流聲以娛耳，練色以淫目；水戲則舫龍舟，建羽旗鼓，釣乎不測之淵；野遊則登平原，馳廣囿，强弩下高鳥，勇士格猛獸，置酒娛樂，沉醉亡歸。方此之時，視天地曾不若一指，雖有善鼓琴，未能動足下也。」孟嘗君曰：「固然。」雍門周曰：「然臣竊爲足下有所常悲。夫角帝而困秦者，君也，連五國而代本作伐，依荆山子琴諷改。楚者，又君也。天下未嘗無事，不從即衡；從成則楚王，衡成則秦帝。夫以秦、楚之强，而報弱薛，猶磨蕭斧而伐朝菌也。琴諷菌誤作道。有識之士，莫不爲足下寒心。天道不常盛，寒暑更進退，千秋萬歲之後，琴諷無之字。宗廟必不血食。高臺既已傾，曲池又已平，墳墓生荊棘，狐狸穴其中，游兒牧豎，躑躅其足而歌其上曰：『孟嘗君之尊貴，亦猶若是乎？』」於是孟嘗君喟然太息，涕淚承琴諷作交。睫而未下，雍門周引琴而鼓之，徐動宮徵，叩角羽，終而成曲。孟嘗君遂歔欷而就之曰：「先生鼓琴，令文立若亡國之人也。」三國志蜀志卷十二郤正傳裴松之注引桓譚新論，不標篇名，以文選注所引琴道證之。知此固最完整。歸有光輯諸子彙函，存荊山子琴諷一篇，注出新論，疑新論此時尚存，可資參校。又文選注所引文字，亦有異同，如卷二張平子西京賦注琴道曰：「雍門周曰：『水嬉則榜龍舟。』」卷三十五張景陽七命注引同。又卷十八潘安仁笙賦注，雍門周曰：「臣之所能令悲者，先貴而後賤，故富而今貧。」又卷十六江文通恨賦注琴道曰：「雍門周說孟嘗君曰：『幼無父母，壯無妻子，若此人者，但聞秋風鳴條則傷心矣。』」又琴道雍門周曰：「高臺既已傾，曲池又已平，墳墓生荊棘，狐兔穴其中。」又卷十六江文通別賦注琴道曰：「雍門周以琴見孟嘗君，孟嘗君曰：『先生鼓琴，亦能令悲乎？』周曰：『臣之所能令悲者，無故生離，遠赴絕國，無相見期，臣爲一揮琴而太息，未有不悽愴而流涕者。』」又卷二十二盧子陽北伐詩注，琴道雍門周說孟嘗君曰：「千秋萬歲後，高臺既已傾，曲池又已平。」卷四十三邱希範與陳伯之書注，卷六十陸士衡弔魏武文注，並同引此四句。又卷二十三張孟陽七哀詩注，雍門周曰：「周以琴見孟嘗君曰：『臣竊悲千秋萬歲後，墳墓生荊棘，狐兔穴其中，樵兒牧豎躑躅而歌其上，行人見之悽愴，孟嘗君之尊貴，如何成此乎？』孟嘗君喟然嘆息，淚下承睫。」又卷二十八陸士衡日出東南隅行注，琴道曰：「雍門周曰：『廣厦邃房。』」又前緩聲歌注，琴道曰：「雍門周曰：『水嬉則建羽旗。』」又卷三十謝元暉和王主簿詩注，琴道曰：「雍門周曰：『一赴絕國。』」又卷三十九任彦昇謝修卞忠貞墓啓注，雍門周以琴見孟嘗君曰：「臣竊悲千秋萬歲後，墳墓生荆棘，狐兔穴其中，樵兒牧豎，躑躅而歌其上也。』」又卷四十六陸士衡豪士賦序注，雍門周以琴見孟嘗君，孟嘗君曰：「先生鼓琴，亦能令文悲乎？」對曰：「臣竊爲足下有所悲，千秋萬歲後，墳墓生荆棘，游童牧豎，躑躅其足而歌其上曰：『孟嘗君之尊貴，亦猶若是乎？』於是孟嘗喟然太息，涕承睫而未下，雍門周引琴而鼓之，徐動宮徵，揮角羽，初終而成曲，孟嘗君遂歔欷而就之。」又卷五十八王仲寶褚淵碑文注，雍門周說孟嘗曰：「有識之士，莫不爲足下寒心酸鼻。」又卷六左太冲魏都賦注，雍門周說孟嘗君曰：「以强秦之勢伐弱薛，譬猶礳蕭斧以伐朝菌也。」又卷二十七陸士衡猛虎行注，雍門周曰：「秋風鳴條，則傷心矣。」又卷三十一劉休元擬古詩注，雍門周說孟嘗君曰：「今君下羅帳來清風。」又卷三十五漢武帝詔注，雍門周曰：「遠走絕國，無相見期也。」又卷四十一李陵答蘇武書注，雍門周鼓琴見孟嘗君曰：「先生鼓琴，亦能令悲乎？」對曰：「所能令悲者，遠赴絕國，無相見期，若此人者，但聞飛鳥之號，秋風蕭條，則心傷矣。」又卷四十二魏文帝與吴質書注，雍門周曰：「身材高妙，懷質抱真。」又卷二十七顔延年還至梁城作詩注，雍門周見孟嘗君曰：「臣竊悲千秋萬歲後，墳墓生荆棘，行人見之曰：『孟嘗君尊貴乃如是乎？』」又卷二十八沈休文冬節後至丞相第作詩注，雍門周說孟嘗君曰：「千秋萬歲後，高臺既已傾，曲池又已平。」計文選注所引二十三事，孫本云十六事，蓋有遺失。其中如別賦注第二句重孟嘗君。「昔富而今貧」，笙賦注昔作故。「無怨而生離」，別賦注怨作故。「壯無妻兒」，恨賦注兒作子。「秋風鳴條」，李陵答蘇武詩注鳴作蕭。「援琴而太息」，別賦援作揮。「悽惻而涕泣」，作悽愴而流涕。「連闥洞房」，日出東南隅行注洞作邃。「水戲」，西京賦注、七命注戲作嬉。「莫不爲足下寒心」，褚淵碑文下有酸鼻二字。「狐狸」，恨賦注、七哀詩注均作狐兔。「游兒」，七哀詩注、卞忠貞墓啓注作樵兒，豪士賦序注作游童。「而歌其上」下，七哀詩注有「行人見之悽愴。亦猶如是乎」，同注作如何成此乎。「叩角羽」，豪士賦注叩作揮。「終而成曲」，同注中上有初字。以上均異文。

瀟湘之樂，方磬爲帝。董説七國考卷七。

漢之三王，內置黃門工倡。文選卷十八馬季長長笛賦注、卷四十繁休伯與魏文帝箋注。

宣帝元康、神爵之間，丞相奏能鼓雅琴御覽琴作瑟。者，渤海趙定、梁國龍德，召見温室，拜爲侍郎。北堂書鈔卷七十一設官部二十三，太平御覽卷二百四十八職官部。

昔余在孝成帝時爲樂府令，孫本若下無余在二字，時下有余字。凡所典領倡優伎樂，蓋有千人之多也。北堂書鈔卷五十五設官部，孫、嚴本無末三字。

黃門工鼓琴者，有任真卿、虞長倩，能傳其度數，妙曲遺聲。文選卷二十四司馬紹統贈山濤詩注。

成少伯工吹竽，見安昌侯張子夏，鼓琴一作瑟。謂曰：「音不通千曲以上，不足以爲知音。」太平御覽卷五百八十一樂部。

余兄弟頗好音，嘗至洛，聽音終日而心足。由是察之，夫深其旨則欲罷不能，不入其意故過已。太平御覽卷五百六十五樂部要覽引桓君山曰。

附録

後漢書桓譚傳

宋建安黄善夫刻本，據元大德九年寧國路儒學刻明印本，日本活字印元大德寧國路儒學刻本，清乾隆四年武英殿刻本，及上海涵芬樓影印宋紹興本參校。

桓譚字君山，沛國相人也。父成帝時爲大各本均作太，日刻本與此同。樂令，譚以父任爲郎，因好音律，善鼓琴，博學多通，徧習五經，皆訓詁各本均作詁訓，日刻本與此同。大義，不爲章句。能文章，東觀記云：「譚能文，有絶才。」尤好古學，數從劉歆、楊雄辨析疑異。後漢紀卷四云：「數從劉歆、揚雄稽疑論議，至其有所得，歆、雄不能間也。」性嗜影宋本與元刻明印本作著，日刻本作嗜。倡樂，簡易不修威儀，而憙非毁俗儒，由是多見排抵。

哀、平間位不過郎，傅皇后父孔鄉侯晏，深善於譚。是時高安侯董賢寵幸，女弟爲昭儀，皇后日已疏，晏嘿嘿不得意。譚進説曰：「昔武帝欲立衛子夫，陰求陳皇后之過，而陳后終廢，子夫竟立。今董賢至愛，而女弟尤幸，殆將有子夫之父，元刻明印本、日刻本及影宋本均作父，武英殿作變，作變是也。可不憂哉？」晏驚動曰：「然。爲之奈何？」譚曰：「刑罰不能加無罪，邪枉不勝勝上各本均有能字。正人。夫士以才智要君，女以媚道求主。皇后年少，希更艱難，或驅使醫巫，外求方技，此不可不備。又君侯以后父尊重，而多通賓客，必借以重埶，貽致譏議，不如謝遣門徒，務執謙慤，此修己正家避禍之道也。」晏曰：「善。」遂罷遣常舊校云：常或作賓。客。入白皇后，如譚所戒。後賢果風太醫令真欽，使求傅氏罪過，遂逮后弟侍中喜，詔獄無所得，乃解。故傅氏終全於哀帝之時。及董賢爲大司馬，聞譚名，欲與之交。譚先奏書於賢，説以輔國保身之術，賢不能用，遂不與通。當王莽居攝篡弑之際，天下之士，莫不競褒稱德美，作符命以求容媚。譚獨自守，默然無言。莽時爲掌樂大夫，更始立，召拜太中大夫。

世祖即位，徵待詔，上書言事，失旨不用。後大司空宋弘薦譚，拜議郎給事中。事詳後漢書列傳第十六宋弘傳。因上疏陳時政所宜曰：「臣聞國之廢興，在於政事；政事得失，由乎輔佐各本重輔佐二字。賢明，則俊士充朝，而理合世務；輔佐不明則論失時宜，而舉多過事。夫有國之君，俱欲興化建善，然而政道未理者，其所謂賢者異也？昔楚莊王問孫叔敖曰：『寡人未得所以爲國是也。』叔敖曰：『國之有是，衆所惡也，恐王不能定也。』王曰：『不定獨在君，亦在臣乎？』對曰：『君驕士曰：「士非我，無從富貴。」士驕君曰：「君非士，無從安存。」人君或至失國而不悟，士或至飢寒而不進，君臣不合，則國是無從定矣。』莊王曰：『善。願相國與諸大夫共定國是也。』蓋善政者視俗而施教，察失而立防，威德更興，文武迭用，然後政調於時，而躁人可定。昔董仲舒言：『理國譬若琴瑟，其不調者，則解而更張。』夫更張難行，而拂衆者亡。是故賈誼以才逐，而鼂錯以智死，世雖有殊能，而終莫敢談者，懼於前事也。且設法禁者，非能盡塞天下之姦，皆合衆人之所欲也。大抵取便國利事多者，則可矣。夫張官置吏，以理萬人，縣賞設罰，以別善惡，惡人誅傷，則善人蒙福矣。今人相殺傷，雖已伏法，而私結怨讎，子孫相報，後忿深前，至於滅户殄業，而俗稱豪健，故雖有怯弱，猶勉而行之，此爲聽人自理，而無復法禁者也。今宜申明舊令，若已伏官誅，而私相傷殺者，雖一身逃亡，皆徙家屬於邊；其相傷者加常二等，不得雇山贖罪。如此則讎怨自解，盜賊息矣。夫理國之道，舉本業而抑末利，是以先帝禁人二業，錮商賈不得宦爲吏，此所以抑并兼、長廉恥也。今富商大賈多放田影宋本、武英殿本田作錢。貨，中家子弟，爲之保役，趨走與臣僕等勤，收税與封君比入。是以衆人慕效，不耕而食，至乃多通侈靡，以淫耳目。今可令諸商賈自相糾告，若非身力所得，皆以臧畀告者，如此則專役一己，不敢以貨與人，事寡力弱，必歸功田畝。田畝修，則穀入多，而地力盡矣。又見法令決事，輕重不齊，或一事殊法，同罪異論，姦吏得因緣爲市，所欲活則出生議，所欲陷則與死比，是爲刑開二門也。今可令通義理、明習法律者，校定科比，一其法度，班下郡國，蠲除故條，如此天下知方，或作方知。錢大昭曰：方知當作知方，南監本不誤。而獄無怨濫矣。」書奏，不省。

是時帝方信讖，多以決定嫌疑。又酬賞少薄，天下不時安定。譚復上疏曰：「臣前獻瞽言，未蒙詔報，不勝憤懣，冒死復陳。愚夫策謀有益於政道者，以合人心而得事理也。凡人情忽於見事，而貴於異聞。觀先王之所記述，咸以仁義正道爲本，非有奇怪虛誕之事。蓋天道性命，聖人所難言也。自子貢以下不得而聞，況後世淺儒能通之乎？今諸巧慧小才伎數之人，增益圖書，矯稱讖記，以欺惑貪邪，詿誤人主，焉可不抑遠之哉！臣譚伏聞陛下窮折方士黄白之術，甚爲明矣。而乃欲聽納讖記，又何誤也？其事雖有時合，譬猶卜（錢大昭所見本作十，云：十閩本作小，通鑑作卜。南監本不誤。）數隻偶之類，陛下宜垂明聽，發聖意，屏羣小之曲説，述五經之正義，略靁（日刻本作雷。）同之俗語，詳通人之雅（元刻明印本雅作誰。）謀。又臣聞安平則尊道術之士，有難則貴介胄之臣。今聖朝興復祖統，爲人臣主，而四方盜賊未盡歸伏者，此權謀未得也。臣譚伏觀陛下用兵，諸所降下，既無重賞，以相恩誘，或至虜掠，奪其財物，是以兵長渠率，各生狐疑，黨輩連結，歲月不解。古人有言曰：『天下皆知取之爲取，莫（武英殿本莫上有而字。）知與之爲取。』陛下誠能輕爵重賞，與士共之，則何招而不至，何説而不釋，何向而不開，何征而不剋？如此則能以狹爲廣，以遲爲速，亡者復存，失者復得矣。」帝省奏，愈不悦。

其後有詔會議靈臺所處，帝謂譚曰：「吾欲讖決之，何如？」譚默然良久曰：「臣不讀讖。」東觀記臣下有生字。帝問其故。譚復極言讖之非經。帝大怒曰：「桓譚非聖無法，將下斬之。」譚叩頭流血，良久乃得解。出爲六安郡丞。錢大昭曰：欲下閩本有以字。東觀記云：由是失旨，遂不復轉還。意忽忽不樂，道病卒，北堂書鈔卷一百二文藝部引謝承書曰：「感而作賦，因思大道，遂發病卒。」時年七十餘。案桓譚生卒年，據伯希和在一九二三年通報頁二一七注二，及成田衡夫在漢學會雜誌第五卷第三號，均定爲公元前四〇年至公元三〇年間。此據劉汝霖漢晉學術編年卷三頁七一，則生於公元前二十三年，即漢成帝陽朔二年戊戌，卒於公元五十六年，即後漢光武帝中元元年丙辰，時年七十九。捷克鮑格洛桓譚的年代（捷克科學院東方文庫，一九五九年四月二十七日）、再談桓譚的年代（同上，一九六一年十二月二十九日）定爲桓譚生於公元前四十三年左右，卒於公元二十八年。姜亮夫、關秋英桓譚題年的討論（杭州大學學報，一九六二年第一期）定爲桓譚生於漢成帝建始二年庚寅，爲公元前三十一年，年七十餘，則卒在建武二十二年以前。

初，譚著書言當世行事二十九篇，號曰新論。上書獻之，世祖善焉。琴道一篇未成，肅宗使班固續成之。所著賦、誄、書、奏，凡二十六篇。

元和中，肅宗行東巡狩，至沛，使使者祠譚冢，鄉里以爲榮。

孫馮翼桓子新論序

問經堂叢書第三函，清嘉慶七年九月刊本。

後漢桓譚字君山，著書言當世行事，號曰新論。其分篇有本造、王霸、求輔、言體、見徵、譴非、啓寤、祛蔽、正經、識通、離事、道賦、辨惑、述策、閔友、琴道，具見於范史本傳及章懷注。譚書本十六篇，光武勅言卷大，令别爲上下，故自王霸至辨惑，皆分二篇，惟本造、閔友、琴道各一篇，以成二十九篇。隋書經籍志及新唐志俱稱十七卷，蓋仍依十六篇爲卷，並目録爲十七耳。古書多列目一卷，隋志中甚多。宋史藝文志不載譚書，晁公武、陳振孫亦皆未言及，則其亡軼當在南宋時。裴松之補注蜀志引琴道篇語，而不著琴道之名，以文選注所引琴道證之，固確然可據也。本傳言琴道篇未成，肅宗使班固續成之，注引東觀記曰：「琴道但有發首一章。」今緝逸篇，雖於君山、孟堅之文未分朱紫，然既有選注足據，故凡雍門與孟嘗語，及譚論樂事，皆可彙爲一篇，以肖其舊。餘諸篇目，昔人徵引其詞，未嘗顯標其題，必欲臆爲分列，恐蹈武斷之弊。且如史記正義引三皇道理、五帝德化、三王仁義、五霸權智，初學記云：「王道之主，德統乾元。」太平御覽云：「孔氏門人，五尺童子不言五霸。」此類以入王霸篇，尚顯而易信。又漢書注云：「古孝經異字四百餘。」經典序録言穀梁多有遺文，公羊彌失本事。史通稱左氏於經，猶衣之表裏。北堂書鈔曰「連山藏於蘭臺，歸藏藏於太卜」諸語，今以入正經篇，亦或與桓子有合。若選注「漢高祖建立鴻基，侔功湯、武」，藝文類聚及御覽引論漢孝文、孝武帝事，末皆云「此通而蔽者也」，既似王霸篇語，又似祛蔽篇文，是將焉歸乎？他如本造、求輔等目，僅觀篇名，而不得其詞，則尚不知所謂，何能一一强分也？宋汪晫編曾子、子思子，以强立篇名，爲通儒所譏，豈可循其覆轍哉？陶宗儀説郛所引新論二十七事，其書不足據，故未採録。本傳述譚歷官始末，自西漢成帝時，以父爲大樂令任爲郎，歷哀、平，至王莽時爲掌樂大夫，更始立，拜太中大夫，光武即位，徵待詔，後拜議郎、給事中，出爲六安郡丞。兹以新論考之，譚自言爲黄門郎，見乘輿鳳蓋之屬，及爲奉車郎，承命作仙賦，書甘泉壁；又典漏刻，參晷景，衛殿中小苑西門，同時郎有冷喜，佐有梁子初、揚子林，期門郎則有程偉，至其爲典樂大夫，以與典樂謝侯爭鬬坐免，此皆可與本傳互證者也。御覽載陽城張衡、蜀郡王翁，與譚俱爲講學祭酒，此則本傳所未載，可補范史之闕也。至於方士王仲都、董仲君，與待詔景子春善占事，范史方技列傳皆闕遺其人，葛洪神仙傳、張華博物志所載王仲都能忍寒暑，並資於新論。梁劉勰文心雕龍稱秦君延注堯典文繁，亦譚之所説也。馬遷史記，其太史公語乃東方朔所加，譚以前未有此論。王伯厚亦以連山易詳，歸藏易簡，語未詳所據。蓋譚博學多通，所見多後人未見書焉。善鼓琴，好音律，故特著琴道篇。能文嗜古，數從劉歆、揚雄遊，辨析疑義，古論案：當爲新論。中壘稱子駿、子雲，至欲以太玄次五經，是亦可以徵譚之學術矣，王充論衡深譽君山之論爲不可及。新論之名，譚以爲見劉向新序、陸賈新語而作。今新序、新語四庫列於儒家，惟茲逸篇，亦隋、唐志中儒家之流，何可不急爲搜存，俾與劉、賈二書並行於世也？

嚴可均桓子新論叙

鐵橋漫稿卷五，心矩齋校本。

隋志儒家桓子新論十七卷，後漢六安丞桓譚譔，舊、新唐志同。本傳譚字君山，沛國相人。成帝時爲郎。哀、平間位不過郎。莽時爲掌樂大夫。更始召拜太中大夫。世祖即位，徵待詔，極言讖之非經，出爲六安郡丞，道病卒。譚著書言當世行事，號曰新論，世祖善焉。琴道一篇未成，肅宗使班固續成之。章懷注言，新論一曰本造、二王霸、三求輔、四言體、五見徵、六譴非、七啓寤、八袪蔽、九正經、十識通、十一離事、十二道賦、十三辨惑、十四述策、十五閔友、十六琴道。本造、閔友、琴道各一篇，餘並有上下。注又引東觀記：「光武讀之，勑言卷大，令皆别爲上下，凡二十九篇。」「琴道未畢，但有發首一章。」案：二十九篇而十七卷者，上下篇乃合卷，爲十六卷，疑復有録一卷，故十七卷。其書亡於唐末，故宋時不著録。全謝山外集卷四十，稱常熟錢尚書謂新論在明季尚有完書，恐非其實。今從羣書治要得十五事，審是求輔、言體、見徵、譴非四篇。從意林得三十六事，審是王霸、求輔、言體、見徵、譴非、啓寤、祛蔽、正經、識通、離事、道賦、辨惑、琴道十三篇。又從各書得三百許事，合並復重，聯繫斷散，爲百六十六事，依治要、意林次第理而董之。諸引僅琴道有篇名，餘則望文歸類，取便撿尋，其篇名黑質白文以别之，定十六篇爲三卷。君山博學多通，同時劉子駿七略徵引其琴道篇，揚子雲難窮，立毁所作蓋天圖。其後班孟堅漢書據用甚多，王仲任論衡超奇、佚文、定賢、案書、對作篇，皆極推崇，至謂「子長、子雲論説之徒，君山爲甲」，則其書漢時早有定論。惜久佚失，所得見者僅此。然其尊王賤霸、非圖讖、無仙道、綜覈古今，偭偭失得，以及儀象、典章、人文、樂律，精華略具，則雖謂此書未嘗佚失也可。嘉慶乙亥夏六月烏程嚴可均謹第録。

黄以周桓子新論叙

儆季雜著子叙，清同治年間儆季書五種刊本。

後漢桓譚字君山，沛國相人，箸新論十六篇，本造、閔友、琴道各一篇，餘皆分上下，故亦稱二十九篇，其標題篇目，具見范史本傳及章懷注。王充作論衡，睥睨一切，而獨折服是書。嘗謂君山「作新論論世間事，辨照然否，虚妄之言、僞飾之辭，莫不證定。」甚且以爲新論之義與春秋會一，其推譽可謂至矣。孫鳳卿輯是書，深慮昔人徵引其辭，未顯標題，必欲臆爲分別，難免武斷，惟文選注明引琴道，遂以是篇居首，次以意林所載，餘皆以所采書爲先後，殽雜而無倫，重複而迭見，無由見本書之檃栝。鐵橋更爲編輯，其書未見，讀其漫稿中所載自叙，乃以羣書治要所録十五事、意林所録三十五事爲綱，而以義之相類者比附其間，是豈能一復本書之舊哉？武斷之譏，恐不能免矣。然魏、馬二書所録，皆仍本書次第，今舉其語之明顯者，以類相從，而不標題篇目。殘文片語，無由知其命意所在，别附書後。俾讀是書者，生千百年後，猶得見其具體，豈不愈於孫輯之雜陳疊見哉？孫氏未見治要，本書耑緒無怪茫然，近得嚴輯文目，互相比校，重編之如左。

桓譚著作考

從莊子到王充，中間經過了吕氏春秋、淮南子和作爲王充唯物主義哲學的先導者——揚雄、桓譚。吕氏春秋和淮南子號稱雜家，而實以儒道二家爲主，即主張儒道合流。儒道合流是中國秦漢以來素樸的唯物主義的哲學傳統，而實際則以易老莊爲其中心環節，不談中國古代的素樸唯物主義與辯證法則已，否則必須首先追溯到易老莊。不過在儒和道合流之中，有的先老莊而後六經（包括易經在内），有的先六經而後老莊，至於只一味以六經爲主的，則是純粹墨守儒家，而與唯物論無緣了。淮南子所著淮南九師道訓，是聘善爲易者九人撰成的，但就其留傳下來的淮南子二十一卷來看，則分明是先老莊而後儒家。揚雄所著有法言、太玄。法言擬論語，太玄擬易，從外表形式上看，是純粹儒家，但是法言注從李軌以來，即右道左儒。太玄妙極陰陽之數，與易道相同，而「惟清惟静，惟淵惟默」之語，朱熹以爲「皆是老子意思」；「看來其學似本於老氏」。太玄賦「觀大易之損益兮，覽老氏之倚伏」，此即其儒道合流之確證。揚雄書甚易得，法言有元纂圖互注本、明世德堂本、天啓年間朱蔚然合諸名家評點本、清嘉慶廿三年石研齋秦氏明新安程榮校本重刻宋治平堂本，又徐養原校李賡芸刻本。汪榮寶法言義疏亦可資參校。太玄有范望太玄經注，明玉鏡堂依宋刊本，司馬光、許翰等集注有孫氏古棠書屋叢書本、道藏本、湖北崇文書局本、四部備要本，又孫澍集注，清道光十一年岷陽孫氏鷲溪大學刊本。又陳本禮太玄闡微，清光緒刊本亦可資參校。桓譚極稱道揚雄，新論：「揚子雲何人耶？答曰才智開達，能入聖道，漢興以來，未有此人也。」又以玄經次五經，謂揚雄作玄書，以爲「玄者天也，道也，故宓羲氏謂之易，老子謂之道，孔子謂之元，而揚雄謂之玄」。然而自漢以後，法言大行，而玄終未顯。桓譚與揚雄同反對當時讖諱爲怪誕不經，故在思想鬥争中均表現其唯物主義的傾向。法言重黎篇：「或問趙世多神，何也？曰：神怪茫茫，若存若亡，聖人曼云。」君子篇：「或曰：世無仙則焉得斯語，曰：語乎者，非嚚嚚也與，惟嚚嚚，能使無爲有。」「有生者必有死，有始者必有終，自然之道也。」這種鮮明的無神論思想，實爲桓譚所繼承。桓子新論現已失傳，隋書經籍志入儒家類，實亦儒道合流，如稱「老子其心元遠，而與道合」（文選袁彥伯三國名臣序贊注引）。又漢書揚雄傳贊：「桓譚曰：昔老聃著虛無之言兩篇，薄仁義，非禮學，然後世好之者尚以爲過於五經。自漢文景之君及司馬遷皆有是言。」此亦其一證。其關於無神論與唯物主義思想，則更豐富極了，後漢書二十八上桓譚傳，載其抑讖重賞疏云：

凡人情忽於見事而貴於異聞，觀先王之所記述，咸以仁義正道爲本，非有奇怪虛誕之事，蓋天道性命，聖人所難言也。自子貢以下，不得而聞，況後世淺儒，能通之乎？今諸巧慧小才伎數之人，增益圖書，矯稱讖記，以欺惑貪邪，詿誤人主，焉可不抑遠之哉！臣譚伏聞陛下窮折方士黃白之術，甚爲明矣，而乃欲聽納讖記，又何誤也！其事雖有時合，譬猶卜數隻偶之類。

當時光武帝看了大爲不悦，「其後有詔會議靈臺所處。帝謂譚曰：『吾欲讖決之，何如？』譚默然良久，曰：『臣不讀讖。』帝問其故，譚復極言讖之非經。帝大怒曰：『桓譚非聖無法，將下斬之。』譚叩頭流血，良久乃得解。出爲六安郡丞，意忽忽不樂，道病卒，時年七十餘」。這一位反宗教迷信的唯物論者的結局，我們可以看出兩漢間唯物主義與唯心主義的鬥争何等劇烈。新論二十九篇雖已亡佚，就其殘存的一點來看，已可見桓譚唯物主義的思想色彩，如云：

讖出河圖洛書，但不兆朕而不可知，後人妄復加增依託，稱是孔丘，誤之甚也。（意林卷三引）

劉子駿信方士虚言，謂神仙可學，余見其庭下有大榆樹，久老剥折，指謂曰：「彼樹無情，然猶朽蠹，人雖欲愛養，何能使不衰。」（藝文類聚卷八十八木部，太平御覽卷九五六木部）

昔楚靈王驕逸，輕下簡賢，務鬼，信巫祝之道，齋戒潔鮮以祀上帝，禮羣神，躬執羽紱，起舞壇前。吴人來攻，其國人告急，而靈王鼓舞自若，顧應之曰：「寡人方祭上帝、樂明神，當蒙福祐焉。」不敢赴救，而吴兵遂至，俘獲其太子及后，甚可傷。（太平御覽卷五三六引）

余嘗與郎冷喜出，見一老翁糞上拾食，頭面垢醜，不可忍視。喜曰：「安知此非神仙？」余曰：「道必形體如此，無以道焉。」（太平御覽卷三八二引）

余與劉子駿言養性無益，其兄子伯生曰：「天生殺人藥，必有生人藥也。」余曰：「鈎藤不與人相宜，故食則死，非爲殺人生也。譬若巴豆毒魚，礜石賊鼠，桂害獺，杏核殺猪，天非故爲作也。」（太平御覽卷九九〇引）

漢高祖建立鴻基，侔功湯武，及身病，得良醫弗用，專委婦人，歸之天命，亦以誤矣。此必通人而蔽者也。（文選謝靈運廬陵王墓詩注引）

無仙道，好奇者爲之。（連江葉氏本博物志七引）

桓譚關於政治社會的開明的見解，收入唐魏徵羣書治要卷四十四，共十三節，關於無神論的思想體系，收入梁僧祐弘明集卷五桓君山新論形神，其餘片言隻語，見於意林、文選注、藝文類聚、北堂書鈔、太平御覽、初學記、史記集解、漢書注、後漢書注等書，共約三百餘事。後漢書桓譚傳云：「初，譚著書言當世行事二十九篇，號曰新論，上書獻之，世祖善焉。琴道一篇未成，肅宗使班固續成之，所著賦、誄、書、奏凡二十六篇。」唐章懷太子賢注云：「新論一曰本造，二王霸，三求輔，四言體，五見徵，六譴非，七啓寤，八袪蔽，九正經，十識通，十一離事，十二道賦，十三辨惑，十四述策，十五閔友，十六琴道。本造、述策、閔友、琴道各一篇，餘並有上下。東觀記曰：『光武讀之，敕言卷大，令皆別爲上下，凡二十九篇。』」又注曰：「東觀記曰：『琴道未畢，但有發首一章。』」由此可見新論尚非全書。太平御覽卷六〇二文部引新論云：「余爲新論，術辨古今，亦欲興治也，何異春秋褒貶耶？今有疑者，所謂蚌異蛤，二五爲非十也，譚見劉向新序、陸賈新語，乃爲新論。」這在當時原爲嶄新的著作，而竟不能全傳，弘明集雖收入論形神一篇，但如明汪道昆本、金陵刻經處均誤爲晉人，可謂謬妄之至。近人研究中國唯物主義哲學，知有王充而不知有桓譚，如侯外廬等中國思想通史（第二卷上册）提及桓譚而叙述甚少，姚舜欽秦漢哲學史則竟未加叙述，此皆因未接觸原著之故。馬國翰玉函山房輯佚書，輯書起漢迄唐，計六百三十二種，而竟無此書，近商務印書館印四部叢刊，亦無此書，中華書局四部備要雖有其書，而所據校刊乃沈陽孫馮翼問經堂叢書中輯本，遺漏極多，實不適用，這不能不説是新論一書在傳播上的厄運。

今案桓譚新論輯本，共有兩種，另有一種未刊行。孫馮翼輯桓子新論，在問經堂叢書第三函，嘉慶七年九月刊本（一八〇二），據其自序云：「宋史藝文志不載譚書，晁公武、陳振孫亦皆未言及，則其亡軼當在南宋時。」孫輯逸篇惟琴道篇據文選注所引有標題，其餘則恐怕「昔人徵引其辭，未嘗顯標其題，必欲臆爲分別，恐蹈武斷」。又云「陶宗儀説郛所引新論二十七事，其書不足據，故未采録」（案説郛有各種版本，如商務印書館據明鈔本鉛印一百卷本四十册，内即缺此一書。順治間兩浙督學周南學際期重刊本一百卷，内卷五十九有桓譚新論，當爲孫馮翼所據）。這種治學的態度，尚屬嚴謹，但其缺點，黄以周批評它，謂其「惟以文選注明引琴道，遂以是篇居首，次以意林所載，餘皆以所採書爲先後，殽雜而無倫，重複而迭見，無由見本書之隱栝」。（桓子新論序，見儆章雜著，子叙）其實最大缺點，還在搜羅不廣，如弘明集卷五桓君山新論形神，羣書治要卷四十四，均爲極重要之資料，均未採及，而且重複的地方太多了（如「古孝經千八百七十一字今異者四百餘字」共三見，「三皇以道治五帝以德化」一節二見,「圖王不成亦可以霸」二見。「謂狐爲狸,以瑟爲箜篌」一節二見,「以賢代賢謂之順」二見,「聖人皆形解仙去」一節二見)。嚴可均輯本見上古三代秦漢三國六朝文,全後漢文卷十三至卷十五,有湖北黄岡王毓藻刊本。其自序並見鐵橋漫稿(心矩齋校本)。兹録其要語,以見一斑。

案二十九篇而十七卷者,上下篇乃合卷,爲十六卷,疑復有録一卷,故十七卷。其書亡於唐末,故宋時不著録。全謝山外集卷四十,稱常熟錢尚書謂新論在明季尚有完書,恐非其實。今從羣書治要得十五事,審是求輔、言體、見徵、譴非四篇,從意林得三十六事,審是王霸、求輔、言體、見徵、譴非、啓寤、袪蔽、正經、識通、離事、道賦、辨惑、琴道十三篇。又從各書得三百餘事,合併複重,聯繫斷散,爲百六十六事,依治要、意林次第理而董之,諸引僅琴道有篇名,餘則望文歸類,取便檢尋,其篇名黑質白文以別之,定十六篇爲三卷。君山博學多通,同時劉子駿七略徵引其琴道篇,揚子雲難窮立毁所作蓋天圖,其後班孟堅漢書據用甚多。王仲任論衡超奇、佚文、定賢、案書、對作篇皆極推崇,至謂

「子長、子雲論説之徒，君山爲甲」，則其書漢時早有定論，惜久佚失，所得見者僅此。然其尊王賤霸，非圖讖，無仙道，綜覈古今，偭偝失得，以及儀象典章人文樂律，精華略具，則雖謂此書未嘗佚失可也。

嚴可均録成此書在嘉慶乙亥六月（一八一五），後孫馮翼十三年，全後漢文收桓譚文從卷十三至卷十五，共三卷。文集收仙賦、陳時政疏、抑讖重賞疏、上便宜、陳便宜、啓事、答楊雄書。卷十三至卷十五，桓子新論。此爲烏程嚴可均所輯全上古三代秦漢三國六朝作者三千四百九十五人中之一人，其功力之大，搜羅之廣，是很值得我們學習的。然而不幸的是黄以周竟未見其書，只讀其漫稿中所載自叙，即妄肆譏評，謂其「以羣書治要所録十五事，意林所録三十五事爲綱，而以義之相類者比附其間，是豈能一復本書之舊哉？武斷之譏，恐不能免矣。」因此黄以周又另有輯本，據儆居雜著中載黄本序文云：「魏（徵）馬（總）二書所録皆仍本書次序，今舉其語之明顯者以類相從，而不標題篇目，殘文片語無由知其命意所在，則附書後，俾讀是書者，生千百年後，猶得見其具體，豈不愈於孫輯之雜陳迭見哉。」黄輯尚未刻，聞其原稿歸於仁和許益齋，其書即使愈於孫輯，是否即出於嚴本之上？日本武内義雄著桓譚新論考（見江俠庵編譯：先秦經籍考下）竟稱「據此考之，嚴本與黄本最爲完備」，不知其何所見而云然？武内義雄尚未見孫馮翼輯本，竟謂「嚴可均既見孫本，孫本佚文，必與嚴本無異，亦無强見之必要」。（同上）此亦未免過於武斷。孫本雖缺點極多，但註明所引史料來源，尚較嚴本爲詳，此亦未可一概抹煞。武内義雄與黄以周均皆未見原本而先下斷語，舉此一例，亦可見考證工夫之難。

桓子新論的最大貢獻，在他所給王充論衡的影響。王充推重新論，無微不至。論衡超奇篇云：「近世劉子政父子、揚子雲、桓君山，其猶文武周公，並出一時也。」又：「王公子問於桓君山以揚子雲，君山對曰：『漢興以來，未有此人。』君山差才，可謂得高下之實矣。採玉者心羨於玉，鑽龜者知神於龜，能差衆儒之才，累其高下，賢於所累。又作新論，論世間事，辨照然否，虚妄之言，僞飾之辭，莫不證定。彼子長、子雲論説之徒，君山爲甲。」又佚文篇：「玩揚子雲之篇，樂於居千石之官；挾桓君山之書，富於積猗頓之財。」又定賢篇：「世間爲文者衆矣，是非不分，然否不定，桓君山論之，可謂得實矣。論文以察實，則君山漢之賢人也。陳平未仕，割肉閭里，分均若一，能爲丞相之驗也。夫割肉與割文同一實也，如君山得執漢平用心，與爲論不殊指矣。孔子不王，素王之業，在於春秋，然則桓君山素丞相之迹，存於新論者也。」又案書篇：「仲舒之言，道德政治，可嘉美也。質定世事，論說世疑，桓君山莫上也，故仲舒之文可及，而君山之論難追也。」這總是讚嘆不置，正好似桓譚之贊美揚雄，以玄經次五經，王充也讚嘆桓譚，以新論擬春秋。所以案書篇又云：「孔子作春秋，采毫毛之善，貶纖芥之惡……新論之義與春秋會一也。」論衡之作，很明白即受新論的影響，所以對作篇云：「衆事不失實，凡論不壞亂，則桓譚之論不起。……論衡之造也，起衆書並失實，虛妄之言勝於真美之也。」意林卷三引新論「子貢問蘧伯玉曰：子何以治國，答曰弗治治之」，案此一節亦見論衡自然篇，「弗治治之」作「以不治治之」，文下「夫不治之治，無爲之道」，可見王充與桓譚思想的一致性。桓譚是揚雄之一繼承，而王充又是桓譚之一繼承。章炳麟析論累變說，明兩漢儒術變遷，便早注意及此唯物論之思想傳統，而因此桓譚與王充的著述，在中國唯物主義史上的位置，也就更容易明白了。

王充論衡在思想領域，積極方面受桓譚的影響，在消極方面則爲對於班固一派的反響。據後漢書卷七九本傳，知他曾「師事班彪」，但雖學於儒，而與俗儒有思想鬥爭，論衡之反天人感應的迷信，最重要的一點，即在反對當時白虎觀諸儒的議論。據後漢書所載白虎觀議論諸儒有魏應、樓望、李育、賈逵、班固等十四人，其中班固是白虎通義的撰集者，王充既師事班彪，則其學術淵源和班固相同，而立場不同，觀點也不同。近人金德建著古籍叢考，曾將論衡和白虎通義對比，認爲論衡許多地方是針對白虎通義而作。例如通義聖人篇主張「聖人無過」，論衡之實知、知實二篇駁它。通義號篇主張帝王受命，論衡之初禀、奇怪二篇駁它。又如通義中的五行説、灾異譴告説、符瑞説、卜筮説、祭祀説，這些都是一套地主階級哲學，論衡無不一一加以批判分析，這證明王充的思想路綫是和純粹儒家地主階級思想的路綫相對立。王充雖反對純粹儒家，而對於揚雄、桓譚，則稱道不置。這無疑乎是由於揚雄、桓譚著作之中，本混合着唯物論的因素，如揚雄太玄本所以贊易，而在其中却部分采取了老子思想，而且通過了老易的模擬，而表示出唯物論的色彩。（參看侯外廬等中國思想通史第二卷上册）桓譚以不善讖流亡，他的反讖緯的思想，雖只依據五經，但他是第一個賞識太玄的人，也具有儒道合的傾向。王充思想即從這儒道合的觀點出發，但他更敢於批判，論衡許多地方「儒者論曰」，接着即是「此言妄也」。它反對儒家，即反對地主思想，反對以讖緯説爲幌子的宗教化儒家，所以自稱「違儒家之説，合黄老之義」。但他也不是老莊學説的因襲者，它指出老子的缺點，是在不能拿人事證明天道：

道家論自然，不知引物事以驗其言行，故自然之説，未見信也。（自然篇）

老莊的自然還是没落貴族的「自然無爲」，而王充的自然，則爲農民性的「自然亦須有爲」。所以説：

然雖自然，亦須有爲輔助。耒耜耕耘，因春播種者，人爲之也。及穀入地，日夜長大，人不能爲也，或爲之者，敗之道也。（自然篇）

從儒道合出發，而達到儒道批判的新觀點，這可見王充思想的獨創性，即因此，使他成爲我國古代最卓越的素樸的唯物主義者。